HISTOIRE PITTORESQUE

DES VILLES

LES PLUS REMARQUABLES

DE

L'ALLEMAGNE, LA SUISSE, L'ITALIE, LA RUSSIE, LA TURQUIE, L'ASIE,
L'AFRIQUE ET L'AMÉRIQUE.

Par M. Hippolyte FOURNIER,

Ingénieur civil.

PARIS.

LIBRAIRIE POPULAIRE DES VILLES ET CAMPAGNES,
Rue du Paon-St.-André-des-Arts, 8.

1849.

HISTOIRE PITTORESQUE

DES VILLES.

HISTOIRE PITTORESQUE

DES VILLES

LES PLUS REMARQUABLES

DE

L'ITALIE, LA SUISSE, L'ALLEMAGNE,

LA RUSSIE, LA TURQUIE,

LA GRÈCE, L'ASIE, L'AFRIQUE ET L'AMÉRIQUE.

Par H. Fournier,

Ingénieur civil.

PARIS.

LIBRAIRIE POPULAIRE DES VILLES ET DES CAMPAGNES,

RUE DU PAON-SAINT-ANDRÉ-DES-ARTS, 8.

—

1849.

Paris. — Imprimerie de Pommeret et Moreau,
quai des Grands-Augustins, 17.

Place Navenne, à Rome, p. 9

HISTOIRE PITTORESQUE

DES

VILLES LES PLUS REMARQUABLES.

ITALIE.

ROME.

Rome est située au milieu d'une vaste plaine, jadis fertile, et presque stérile aujourd'hui ; la ville des papes recouvre en quelque sorte la ville des empereurs; le sol moderne est tellement élevé au dessus de l'ancien, que la roche Tarpéienne n'a plus que vingt-cinq ou trente pieds de hauteur, et qu'il a fallu le zèle éclairé de l'administration française pour faire déterrer la colonne Trajane, l'arc de Constantin, celui de Septime-Sévère, et tant d'autres monuments antiques , trop nombreux pour les décrire tous. Le mieux conservé et l'un des plus beaux est le *Panthéon*, élevé par Agrippa et dédié à tous les dieux : c'est aujourd'hui l'église appelée *la Rotonda* ou *Sainte-Marie-de-la-Rotonde*, qu'on a consacrée à tous les saints. Son majestueux et élégant portique, soutenu par seize colonnes colossales, et sa coupole, qui a servi de type à toutes celles qu'on a élevées depuis, lui donnent un air de grandeur qui excite l'admiration. Le monument le plus vaste est le *Colisée*, amphithéâtre gigantesque commencé par Vespasien, et terminé par Titus, pour contenir quarante-quatre mille spectateurs. Le *pont Ælius*, que construisit l'empereur Adrien, porte aujourd'hui le nom de *pont Saint-Ange* : c'est le plus beau de ceux que l'on voit sur le Tibre. Le beau temple rond consacré à Vesta est l'église de *la Madona del Sole*. Le *cirque de Caracalla* est , des dix que Rome possédait, le seul qui ait échappé aux ravages du temps : on le voit au milieu des champs et des vignes; son arène est convertie en jardins et en prés, et l'on a enlevé les belles pierres dont il était construit en grande partie. Les antiquaires admirent encore les restes du *théâtre de Marcellus*, élevé par Auguste. Le plus considérable des anciens égouts, la *Cloaca maxima*, dont la construction remonte au temps des Tarquins, sert encore à sa destination primitive ; c'est une voûte qui étonne par sa hauteur et sa largeur. L'aqueduc de l'*Acqua-Vergine*, ouvrage d'Agrippa, et ceux de l'*Acqua-Paola* et de l'*Acqua-Martia*, fournissent de l'eau en grande abondance comme sous la domination des anciens Romains.

Les ruines des *thermes de Caracalla* et *de Titus* suffisent pour donner une idée de leur magnificence et de leur étendue.

La *colonne Antonine*, le plus bel ornement de la place Colonne, à laquelle elle a donné son nom, est un trophée magnifique que le sénat éleva en l'honneur d'Antonin le Pieux ; les bas-reliefs dont elle est entourée représentent plusieurs événements de l'histoire romaine ; elle est surmontée d'une statue de saint Paul. Le plus beau monument de ce genre qui nous reste des Anciens est sans contredit la *colonne Trajane :* des bas-reliefs en spirale offrent les victoires de Trajan. Nous devons citer aussi la *colonne* rostrale *de Duillius*, que le sénat érigea pour perpétuer le souvenir de la victoire navale remportée sur les Carthaginois ; on la voit au Capitole. De tous les arcs de triomphe qui ornaient la capitale de l'empire romain, quelques uns seulement existent aujourd'hui : celui de *Titus*, élevé par Trajan au vainqueur des Juifs, est le plus beau sous le rapport de l'architecture ; celui de *Constantin* est le mieux conservé de tous, et celui de *Septime-Sévère* est remarquable par ses bas-reliefs.

Le *Forum romanum*, où l'on voyait autrefois plusieurs temples, de beaux palais, des statues et la tribune aux harangues, est aujourd'hui le *Campo Vaccino*, parce que le marché aux vaches s'y tenait autrefois. Le magnifique palais des Césars, commencé par Auguste sur le mont Palatin, est enseveli sous des jardins, comme tant d'autres édifices dont il ne reste que le nom.

Laissons ces nobles et intéressants débris pour nous occuper de la ville moderne.

Nous donnerons une idée de l'étendue du *Vatican*, bâti, dit-on, sur l'emplacement du palais de Néron, en disant qu'il contient vingt cours, huit grands escaliers, douze mille appartements et onze mille salles. C'est dans la chapelle de ce palais, la fameuse chapelle Sixtine, que l'on voit le célèbre tableau du Jugement dernier, peint à fresque par Michel-Ange. La bibliothèque, qui renferme quatre-vingt mille volumes et vingt-quatre mille manuscrits, est une des principales de l'Italie et une des plus précieuses de l'Europe ; on y voit un Virgile dont les miniatures sont de la fin du quatrième siècle, et les poésies autographes de Térence. Le Vatican renferme aussi le plus

Place du Peuple, à Rome, p. 3.

beau et le plus riche des musées : on y admire la fameuse statue de l'Apollon du Belvédère, le Laocoon, le Torse et l'An-
tinoüs.

« Sortons de ce palais, le plus grand de l'Europe, où le pape
réside pendant l'hiver, et allons visiter le *palais Quirinal*, édifice irrégulier, mais aussi remarquable par la beauté de son intérieur qu'agréable par sa situation et ses vastes jardins. Devant la façade s'élèvent deux groupes en marbre représentant
chacun un cheval de proportion colossale, conduit par un jeune
homme qui semble le dompter, et dont la taille est de dix-sept
pieds de hauteur ; entre ces deux groupes s'élance dans les
airs un obélisque égyptien en porphyre rouge. Ce beau palais
était autrefois pendant l'été la résidence des papes ; sous le
gouvernement impérial, il avait été destiné au jeune prince
qui reçut le titre de *roi de Rome* ; et maintenant il est affecté
aux conclaves.

« Le *Capitole* moderne n'est qu'une petite colline dont les bâtiments sont réservés aux magistrats municipaux et au musée
des antiques. Ils ont été construits par Michel-Ange, ainsi que
l'escalier qui conduit à la place, dont le milieu est occupé par
la figure en bronze de Marc-Aurèle, la plus belle statue équestre antique et la seule qui ait été trouvée à Rome. Du haut de
la tour du palais sénatorial on aperçoit le gouffre de Curtius,
qui n'est plus qu'une petite mare ; et, sur les bords du Tibre, le tombeau d'Adrien, qui est devenu le château Saint-
Ange.

« L'église *Saint-Pierre* est le chef-d'œuvre de Rome moderne,
et le plus magnifique temple de la chrétienté. La place sur
laquelle elle s'élève est environnée de deux portiques demi-
circulaires, surmontés de quatre-vingt-douze statues de
saints.

« Le nombre des autres églises de Rome s'élève à plus de trois
cent soixante, toutes remarquables, soit par leur richesse, soit
par leur antiquité.

« Les nombreux palais, plutôt solides qu'élégants, présentent
presque tous, à côté des livrées de l'orgueil, les dehors de la
gêne, de la malpropreté, et quelquefois de la misère. Les plus
remarquables sont : le palais *Colonna*, dont la galerie est une
des premières de Rome ; le palais *Ruspoli*, dont l'escalier est
composé de cent quinze marches en marbre blanc ; le palais
Sciarra, qui possède une galerie magnifique ; le palais *Chigi*,
qui renferme une riche bibliothèque et des tableaux précieux ;
le palais *Doria*, dont l'étendue et les beaux portiques sont dignes de sa galerie de tableaux, l'une des plus riches de l'Europe ; le palais *Corsini*, dans lequel on voit la chambre où mou-

rut la reine Christine ; le palais du prince de *Canino*, dont les collections et le musée étrusque méritent de fixer l'attention des antiquaires, et le palais *Farnèse*, que Vignole et Fontana ont contribué à embellir.

Des quarante-six places que renferme Rome, les plus remarquables sont : celle de *Saint-Pierre*, qui passe pour la plus belle du monde ; la place *Navone*, qui est une des plus grandes de la partie actuellement habitée de Rome (elle a environ sept cents pieds de longueur), était comprise, aux temps les plus reculés de la ville éternelle, dans le Champ-de-Mars ; elle servait alors, sous le nom d'*Equiria*, pour les courses des chevaux. Affectée postérieurement à la célébration des fêtes Agonales, en l'honneur de Janus, elle avait pris le nom de place Agonale. L'empereur Alexandre-Sévère, qui semblait destiné, si la mort ne l'eût frappé avant sa vingt-cinquième année (il fut assassiné en l'année 235), à ramener les beaux jours de Rome impériale, avait fait un cirque de cette place ; elle conserve encore la forme qu'elle prit alors, et même, suivant quelques interprètes experts en étymologies, le nom actuel de place Navone n'est qu'une corruption complète, il est vrai, du nom de *Circus Agonalis*.

Plusieurs morceaux remarquables d'architecture et de sculpture contribuent à l'embellissement de la place Navone, que sa grandeur rend imposante. De somptueux hôtels, particulièrement le riche palais Pamfili, en décorent l'enceinte, et sur l'un de ses côtés se détache la belle église de Sainte-Agnès, qui fut élevée par les soins du pape Innocent X, vers le milieu du dix-septième siècle, aux lieux même qu'avaient consacrés l'illustre vierge et martyre. Trois fontaines font l'ornement de l'intérieur de la place.

Etonnés du travail gigantesque des obélisques, les Romains se montrèrent avides de les emporter comme des trophées conquis sur une merveilleuse industrie. Ammien Marcellin en a compté à Rome six grands et quarante-deux petits. Beaucoup figurent encore aujourd'hui parmi les richesses monumentales de la ville éternelle ; mais renversés, dégradés dans le tourbillon des révolutions qui ont passé sur Rome, il a fallu recommencer l'œuvre si difficile d'en remettre plusieurs debout. Ce travail mécanique se fit sous la direction de l'architecte Fontana, au temps de Sixte-Quint.

L'obélisque de Saint-Jean-de-Latran est peut-être le plus beau et le plus colossal de tous ceux qui sont connus. L'illustre Thoatmosis II, le même que le roi Mœris, le hardi créateur du lac qui portait son nom, éleva cet obélisque à Thèbes ; il fut réparé par Cambyse, qui mutila et renversa tous les autres; puis enlevé par Constantin, et déterré brisé des ruines du cirque Majeur, sous la direction de Fontana.

Celui de la place du Peuple, se dresse à l'extrémité des trois grandes et belles rues que les voyageurs ont en perspective, lorsque, après avoir passé le *pont Milvius*, aujourd'hui *Ponte-Molle*, ils arrivent à Rome par l'ancienne voie *Flaminia*. Il est flanqué à sa base de quatre sphinx modernes qu'un auteur compare à des veaux fort peu énigmatiques; mais cet *ornement* n'empêche pas que l'obélisque ne rivalise par la grandeur, la beauté, la perfection de ses hiéroglyphes et l'éclat de son origine, avec celui de Saint-Jean-de-Latran. Elevé à Héliopolis, par le roi Rhamsès Ier, pour décorer le temple du Soleil, il fut transporté à Rome sous Auguste, et placé dans le grand cirque. L'inscription grecque de ce monolithe a prouvé que les Egyptiens connaissaient la Trinité.

Tels sont les obélisques les plus considérables de Rome ; mais cette ville en possède encore plusieurs autres dignes de mention, et entre autres, celui qui provient des jardins de Salluste, et que Pie VI retira de la place de Saint-Jean-de-Latran, où il gisait à terre, négligé, pour l'élever vis-à-vis de la Trinité-du-Mont.

Les environs de Rome rappellent à chaque pas les souvenirs de l'antiquité : ici, la pyramide de Cestius, la grotte et la fontaine de la nymphe Egérie ; là, *Frascati*, l'antique *Tusculum*, qui présente les restes de la maison qu'habitait le plus grand des orateurs de l'ancienne Rome ; plus loin, les sites délicieux et les cascades de *Tivoli*, où se trouve la *villa d'Este*, seul monument moderne digne de fixer l'attention. On y remarque les ruines du temple de la Sibylle ou de Vesta, et les restes de la *villa Adriana*, où l'on reconnaît le logement des gardes prétoriennes, deux théâtres et plusieurs autres parties de ce magnifique séjour. Le palais où Adrien donnait ses audiences a cent soixante pas de long sur soixante-dix de large. On voit une partie de ce temple ornée de peintures, et d'autres édifices; on reconnaît la place qu'occupaient le Lycée, le Prytanée, l'Académie, le Pœcile d'Athènes et le Canope d'Egypte. Les *marais Pontins* eux-mêmes sont encore traversés par les restes de la voie Appienne, et reportent l'imagination au temps où, desséchés par Auguste, peuplés par Trajan, ils étaient couverts de riantes habitations. L'invasion des Barbares fit disparaître la population ; les eaux sans écoulement répandirent dans l'air leurs miasmes pestilentiels, et les travaux entrepris par plusieurs papes n'ont pas été suivis avec assez de constance pour détruire cette insalubrité, dont les funestes effets, auxquels les animaux paraissent seuls insensibles , se lisent sur les visages pâles des chétifs habitants.

A *Rome*, la vie habituelle est presque un long carême, tant on s'y acquitte avec ponctualité des devoirs extérieurs de la religion. Tout y est triste, désert, silencieux, et ce calme ne cesse qu'à l'époque du carnaval : une foule immense inonde alors les rues ; les équipages se pressent au milieu d'une pluie de dragées ; des chevaux en liberté, mais excités par un aiguillon caché, parcourent rapidement les promenades, comme s'ils disputaient le prix de la course, et le soir du mardi gras, les piétons se poursuivent à la clarté des *moccolletti*, petites bougies dont chacun est armé.

Il est peu de villes où la police soit mieux faite : la licence et la débauche y sont à la fois réprimées; mais les sciences, les lettres et les arts y sont moins cultivés que dans le reste de l'Italie.

COME.

Côme, patrie de Pline le jeune, est bâtie sur le lac auquel elle a donné son nom : cette ville dont l'ensemble ne présente aucune régularité, possède une assez belle cathédrale. Elle a tout l'aspect d'une grande cité, mais elle est peu peuplée. Le lac de Côme mérite d'être vu. Sur une agréable hauteur, à la pointe de Torno, on découvre les ruines d'un ancien monastère (car tous les bords du lac de Côme sont couverts de chapelles, d'églises et de couvents). À Gravedona se déploie l'ancien palais des ducs d'Alvitto ; l'effet de ce palais de marbre, de la plus noble architecture, est très beau, vu du lac.

Un peu plus loin, on aperçoit les ruines du château-fort de Musso, vieille fortification creusée à pic dans le roc, par le vaillant Trivulce, et défendue depuis avec une rare audace, par le fameux Médicis, dont le tombeau est à la cathédrale de Milan.

Enfin, au bourg de Vico, en rentrant à Côme, est la villa Odelscachi, la plus vaste des nombreuses villas qui couvrent les bords du lac, demeure presque royale, mais triste, quoique décorée fraîchement et avec magnificence. C'est à Vico, à la maison dite la Gallia, qu'étaient le musée et la galerie de Paul Jove, voluptueux asile de ce prélat courtisan, écrivain vénal, diffamatoire, à la *penna d'oro*, qui passa sa vie près des princes et au sein de son musée.

Lac de Côme, p. 5

Ruines de Capouc, p. 7.

CAPOUE.

La ville de Capoue, dont le nom prouve la haute antiquité, si
on l'emprunte au nom de *Capis*, l'un des compagnons d'Énée,
ou la grande importance, si on le fait dériver du mot latin
caput (tête, capitale), est célèbre dans les annales de la vieille
Italie. Tous les historiens ont vanté la spendeur et les charmes
de cette heureuse cité de la Campanie ; jamais son nom ne se
trouve dans leurs écrits sans être accompagné d'exclamations
laudatives et des épithètes de *belle*, de *riche*, de *voluptueuse* ;
l'efféminée Sybaris et la molle Agrigente ont à peine autant
de renommée. Mais toutes ces formules d'admiration, quelque
passionnées qu'elles soient, ne sont que les moindres preuves
de la prospérité de Capoue ; les faits témoignent plus encore
que les paroles : ses délices, devenues proverbiales, ont
sauvé Rome et changé, peut-être, les destinées de l'ancienne
Italie. Annibal et les Carthaginois, entrés dans Capoue, ne
purent résister à ses voluptés ; ils aimèrent mieux jouir de la
victoire de Cannes que d'en profiter, que d'aller conquérir
Rome, dont ils auraient pu se rendre maîtres, s'ils eussent
marché immédiatement contre elle. Déjà, lorsqu'elles rem-
portèrent ce triomphe sur la rudesse des Carthaginois et sur
la politique de leur chef, les délices de Capoue avaient dom-
pté la discipline romaine ; des troupes qui avaient hiverné
dans la douce cité, s'étaient mises en pleine révolte pour ne
pas la quitter. Les soldats voulaient y fonder une colonie,
une patrie ; après avoir vécu à Capoue, ils n'admettaient pas
qu'on pût vivre ailleurs.

La fertilité des campagnes, la suavité du climat, qui faisaient de cette ville un séjour si heureux, étaient, d'un autre
côté, des dons funestes, en la rendant un objet d'envie, et en
appelant sur elle l'attention et la convoitise des différents peuples qui dominèrent successivement dans la partie méridionale de l'Italie. Les Samnites en avaient chassé les Thyrrhé-
niens, qui en avaient été les premiers habitants ; les Romains
avaient succédé aux Samnites ; puis étaient venus les Carthaginois, que les Romains avaient de nouveau remplacés. Tous
ces changements de domination furent des époques de cala-
mité pour Capoue ; elle eut surtout à subir d'affreux mal-
heurs, lorsque les Romains y rentrèrent après la retraite des
Carthaginois. Annibal lui avait promis qu'il la ferait la capitale
de l'Italie, quand il aurait détruit Rome ; les Romains lui firent

expier cruellement l'espérance ambitieuse qu'elle avait conçue : la ville, ravagée et dépouillée, resta un monument de la
vengeance romaine. Des siècles ne lui avaient pas suffi pour
effacer ses désastres, lorsque Genseric, roi des Vandales, lui
porta les derniers coups (455); sa ruine alors fut si complète
qu'on n'essaya pas de la réparer. Ses débris furent abandonnés ; ils servirent seulement de matériaux pour construire
une cité nouvelle, qui a conservé jusqu'à nos jours le nom
illustre de Capoue. Quant à la vieille ville, à la ville des Samnites , des Romains et des Carthaginois, elle avait cessé
d'exister pour jamais du jour où la main des Vandales s'était
appesantie sur elle; son nom même lui a été ôté, et le lieu
qu'elle occupait entre la Vulturne et le Clanius, est appelé
aujourd'hui du nom chrétien de Sainte-Marie.

Quatorze siècles de destruction ont donc passé sur la place
où fut l'antique Capoue, et cependant, non seulement tout
vestige d'elle n'a pas disparu, mais les restes qu'elle a lais-
sés, bien que dégradés et mutilés par une aussi longue action
du temps, peuvent attester encore quelle fut sa magnificence.
Il est surtout une construction qui, bien conservée dans son
ensemble et ses détails, donne une haute idée de la splendeur architecturale de la ville; ce monument est d'autant plus
précieux qu'il caractérise mieux Capoue que n'aurait pu le
faire aucun autre. Occupés de plaisirs avant tout, les habitants
de cette ville avaient recherché tout ce qui pouvait contribuer
à augmenter les jouissances, les amusements de la vie ; et
l'honneur, ou plutôt le déshonneur d'avoir inventé les combats de gladiateurs, leur est généralement attribué. Ils furent
les maîtres de l'Italie dans l'art de varier les jeux du cirque,
de disposer les amphithéâtres ; et ce fut encore à eux que les
anciens durent l'idée de tendre des voiles (*velaria*) au dessus
des gradins et des tribunes, pour protéger les spectateurs
contre les rayons du soleil. Les ruines d'un amphithéâtre
convenaient donc mieux, pour ainsi dire, que les vestiges de
tout autre monument, pour marquer la place où s'élevait Capoue, et par un hasard assez singulier, un amphithéâtre est
le seul de ses édifices qui soit demeuré debout et qui ait conservé ses formes.

Quelques autres débris de l'antique Capoue conservent encore le souvenir de cette cité fameuse : on remarque surtout
au milieu d'un amas de restes sans formes et sans noms, des
arcades d'aspect imposant, qui dépendaient, suivant la tradition, de la principale porte de la ville. De nombreuses niches,
partiquées tant à l'extérieur qu'à l'intérieur de ces arcades,
indiquent que rien n'avait été négligé pour que cette entrée

Vue de Florence.

Messine, p. 40.

de Capoue répondit à la richesse de ses habitants et à la beauté de ses monuments. Ce n'est pas seulement sur le lieu même qu'occupait l'ancienne ville que l'on rencontre des vestiges d'elle : la nouvelle ville, en lui enlevant son nom, s'est aussi enrichie de ses dépouilles, et les modernes constructeurs n'ont pas pris la peine de changer la forme et le caractère des matériaux qu'ils employaient; de vulgaires maisons privées sont incrustées de belles pièces de marbre, quelquefois chargées d'inscriptions qui révèlent leur antiquité et leur spendeur passée; d'ignobles portes sont surmontées de débris d'arcades ornés de sculptures, et les bornes des rues sont formées de magnifiques tronçons de colonnes. L'architecture sacrée elle-même n'a pas dédaigné de faire des emprunts à la vieille Capoue : une église de l'Annonciation s'élève sur la base d'un temple dédié à quelque dieu païen; et lorsque l'on contemple, dans la cathédrale, les bas-reliefs qui décorent le tombeau d'un saint personnage, on reconnaît bientôt que le sujet, traité par un ciseau antique, est la chasse de Méléagre. On pardonne d'autant moins ces déprédations exercées par la nouvelle ville, qu'elle n'a pas su profiter de ses larcins, et que les richesses étrangères dont elle s'est parée, forment avec elle une entière disprate.

FLORENCE.

Florence, capitale du grand-duché de Toscane. Elle fut longtemps gouvernée par l'illustre maison de Médicis, qui s'attacha à y rassembler tous les trésors de l'art. Cette superbe ville, située au milieu de montagnes couvertes d'oliviers, de vignes, de charmantes maisons de plaisance, et que l'Arno traverse, abonde en merveilles. Le marbre y brille partout; partout l'architecture, la sculpture, la peinture, y étalent leurs chefs-d'œuvre. Le duc Albert de Saxe avait coutume de dire que Florence était une si jolie ville qu'on ne devrait la faire voir aux étrangers que les fêtes et dimanches. Florence a quatre ponts, et se divise en quatre quartiers. Sa cathédrale et la tour qui s'élève auprès sont des modèles d'architecture. Les voyageurs admirent les portes en bronze de l'église du Baptistère. Dans l'église royale, le tombeau de Médicis est une magnifique mosaïque; l'église Santa-Cruce renferme les tombeaux de Galilée, de l'Arétin, de Michel-Ange, d'Alfieri et de Machiavel. Plus de cent

cinquante statues ornent les places. L'église Santa-Maria del
Fiore est un des plus beaux monuments de Florence. Elle renferme un grand nombre de bonnes peintures, et contient en
outre le tombeau de Brunellesco, et son portrait en bourgeois
de Florence. A côté, reposent les cendres de Giotto, le restaurateur de la peinture ; on voit aussi le tombeau de Marsile
Ficino, chef de l'académie platonicienne, fondée par Côme de
Médicis, et le beau monument élevé à Pierre Farnèse, général
florentin.

Dans les douzième et treizième siècles, les églises furent
souvent le théâtre de scènes sanglantes. La conjuration des
Pazzi est un de ces épisodes qui font naître les réflexions les
plus pénibles. On était en 1478, Julien et Laurent de Médicis
gouvernaient F.orence. François de Pazzi, secondé par quelques autres grandes familles, conçut l'horrible projet de les
assassiner, et ne recula point devant le double forfait de meur-
tre et de sacrilége. Santa-Maria del Fiore fut choisie pour le
lieu de l'exécution, et l'on convint d'agir au moment où le
prêtre célébrerait la communion. Les conjurés se rendirent en
effet à l'église. Le cardinal, leur complice, et Laurent de Médicis y étaient déjà, mais il manquait une victime. François de
Pazzi et Bernard Bandini, qui devaient frapper Julien, allè-
rent le trouver dans son palais, et le déterminèrent à les accom-
pagner au temple. L'instant fixé arrive; François de Pazzi se
précipite sur Julien, et le frappe avec tant de fureur et d'a-
veuglement qu'il se fait lui-même une large blessure à la jambe.
Dans le même temps, Laurent est attaqué par deux autres meur-
triers ; il se défend avec courage, et parvient à se sauver dans
la sacristie. Les conjurés voyant leur coup manqué, cherchent
leur salut dans la fuite ; mais leur retraite fut bientôt découverte, et ils périrent d'une mort ignominieuse. Leurs cadavres
furent traînés dans les rues de la ville, et le cardinal ne dut
son salut qu'à l'empressement que mirent tous les prêtres du
temple à le préserver de la fureur populaire. Ils le retinrent
au milieu d'eux jusqu'à ce que le tumulte occasionné par ces
scènes déplorables fût calmé.

Auprès de Sainte-Marie del Fiore, s'élève une superbe tour
carrée, dite le Campanile, de deux cent cinquante-huit pieds
de hauteur, tout incrustée de marbres de diverses couleurs et
enrichie de statues et de bas-reliefs exécutés par les meilleurs
artistes du temps. Elle fut construite en 1334.

C'est sur cette place qu'est le Baptistère ou église Saint-Jean,
édifice octogone, d'origine fort ancienne, qu'on pense avoir
été autrefois un temple de Mars. En 1293, le corps des marchands le fit incruster de marbre, extérieurement, à ses frais.

Messine, p. 11.

L'église est ornée, dans l'intérieur, de seize colonnes de granit, qui soutiennent une terrasse dont les parapets et la voûte sont remplis de mosaïques parfaitement exécutées. Elle renferme en outre un magnifique monument de Balthasar Coscia, où Jean XXIII, souverain pontife, qui, pour rendre la paix à l'Eglise, abdiqua la thiare, et mourut à Florence, où il avait vécu en simple particulier. La ville est remplie de palais : le Palazzo Vecchio, monument gigantesque des Médicis, qui communique par une galerie couverte avec le palais Pitti, demeure habituelle du grand-duc ; la Loggia del Lanzi, superbe portique orné de belles statues ; le pont de la Santa-Trinita, l'un des plus élégants et des plus légers de l'Europe, suffiraient pour placer Florence au rang des plus remarquables cités de l'Italie. On admire, dans la célèbre galerie de Florence, la Vénus de Médicis, le groupe de Niobé et d'autres statues antiques. La Magglia Becchiana, qui se compose de cent cinquante mille volumes, est la principale bibliothèque de Florence ; elle possède, en outre, douze mille manuscrits précieux ; celle de Riccardi est aussi digne d'être mentionnée. La bibliothèque Laurentienne, uniquement composée de neuf mille manuscrits, est des plus célèbres. On conserve au milieu de la salle, dans un bocal, un doigt de Galilée. Cette ville possède plusieurs sociétés savantes et plusieurs académies. C'est au Pratelino que se trouvent les fameux jardins de Bianca, Capello, où l'on voit une statue colossale représentant l'Apennin sous la forme d'un géant immense assis à l'extrémité d'un grand bassin ; c'est la plus grande statue de l'Europe ; si elle était debout elle aurait quatre-vingts pieds d'élévation.

MESSINE.

Messine dispute à Palerme le rang de capitale, comme jadis Athènes et Lacédémone revendiquaient la suprématie politique. Le peuple sicilien a presque la sobriété du Spartiate ; chez lui, l'ivrognerie est regardée comme un vice honteux. Dans les mœurs champêtres, on trouve encore quelques traces des usages grecs : les pâtres aiment à disputer le prix du chant, consistant en quelques objets à leur usage, que distribue celui qu'ils choisissent pour juge ; les paysannes ont conservé de l'habillement grec le long voile et la large ceinture.

Le principal but des réunions dans les villes et qu'on appelle les *conversazioni*, sont des assemblées chez des particuliers ou dans des lieux ouverts à ceux qui, par une souscription, ont acquis le droit de s'y présenter : on y trouve des salons de jeux et d'autres réservés au seul plaisir de causer. Un usage qui paraîtrait fort singulier en France, c'est qu'une dame en couches ne manque pas de recevoir chez elle la *conversazione* le lendemain même de sa délivrance ; sa chambre devient le salon de réunion de tous ses amis. En Sicile, on ne connaît point les douleurs par lesquelles les femmes achètent le plaisir d'être mères. Cet avantage et la fécondité dont elles jouissent sont de ces bienfaits que le nature répand dans les climats brûlants.

La Sicile a des savants et des écrivains distingués. La littérature est le sujet principal de toutes les conversations ; la poésie est le langage adopté par l'amour et la galanterie : il n'est pas un soupirant qui n'exprime en vers son douloureux martyre. Les intrigues amoureuses sont les passe-temps de toutes les dames. Celles-ci ne sortent jamais à pied ; on ne les voit qu'au spectacle, à la messe ou chez elles. Elles ont un goût prononcé pour la parure, et suivent les modes françaises avec beaucoup de recherche et d'élégance ; elles savent avec art relever la beauté de leurs traits et la vivacité de leurs yeux. Elles sont généralement mieux que les hommes. Quelques villes sont en réputation pour la beauté du sexe : à Messine, les femmes sont plutôt belles que jolies ; à Syracuse, on admire la fraîcheur de leur teint ; à Trapani, on retrouve la régularité des profils grecs.

Veut-on avoir la mesure des mœurs publiques de la Sicile : un dédale inextricable de lois, une nuée d'avocats et de gens de robe, y entretiennent, plus que partout ailleurs, la manie des procès. La justice est vénale, et les magistrats n'en rougissent point ; les agents du gouvernement font la contrebande ; les moines dirigent l'éducation, gouvernent les familles, et ils n'ont pas une conduite plus régulière qu'au seizième siècle.

La corruption avait, jusque dans ces dernières années, encouragé le brigandage en Sicile, comme il l'était sur le territoire de Naples, et quelques parties de l'île passaient pour de véritables coupe-gorges. Le gouvernement est enfin parvenu à assurer la sécurité des voyageurs. Dans chaque district, on nomme un capitaine élu parmi les plus riches propriétaires ; on met à sa disposition quatorze cavaliers bien montés, bien payés, et choisis, pour plus de sûreté, parmi les brigands les plus intrépides. Avec ce secours, le capitaine doit pourvoir à la tranquillité publique ; il répond personnellement des vols

Padoue, p. 12.

qui pourraient se commettre. Cette mesure a été couronnée de succès; trois cents hommes environ protégent la circulation dans l'île.

En Sicile et dans toute l'Italie, excepté à Turin, à Parme et à Florence, la manière de désigner les heures est pour les étrangers difficile à comprendre : on compte une heure jusqu'à vingt-quatre, depuis un soir jusqu'à l'autre, et la vingt-quatrième, que l'on nomme *Ave-Maria*, sonne trente minutes après le coucher du soleil. A l'époque de l'équinoxe, ce qu'on appelle midi dans le reste de l'Europe, est la dix-septième heure pour les Italiens ; à sept heures et demie, ils disent qu'il est une heure. L'un des inconvénients de cet usage, c'est que les horloges des églises se règlent à midi, et qu'il faut les avancer et les retarder selon que les jours croissent ou décroissent.

PADOUE.

Padoue, située sur la Brenta, fut jadis une des villes les plus populeuses et des plus animées de la Lombardie. Aujourd'hui, cet antique berceau des sciences paraît bien déchu de sa splendeur. Les guenilles des habitants pendent aux fenêtres, et la mauvaise santé, comme la mauvaise fortune, sont bien peintes sur tous les visages. Vous verrez, même le dimanche, les femmes de Padoue, établies à leurs portes, s'entr'aider pour une opération qui nous paraîtrait quelque peu dégoûtante, mais qui ne scandaliserait aucunement les Espagnols. Groupées de deux en deux, ces dames se débarrassent, chacune à son tour, de ces animalcules qui pullulent dans leur noire chevelure, et elles ne semblent pas trouver moins de plaisir l'une que l'autre dans cette patiente recherche.

De chaque côté des principales rues de cette ville, règne un portique ouvert, où l'on marche à l'abri des injures du temps, comme cela se voit dans la plupart des villes de Lombardie.

Un des établissements les plus remarquables de Padone, est le bâtiment de l'Université, dans l'intérieur duquel, règne une fort belle colonnade à deux étages. Jadis l'université de Padoue était fréquentée par des étudiants venus de tous les points de l'Europe ; et l'on voit encore sur les murs de édifice les noms et les armoiries d'un grand nombre de familles illustres dont les héritiers venaient y chercher la science. Le grand Galilée fut pendant longtemps attaché à cette célèbre université; aussi conserve-t-on à Padoue, avec un soin religieux, une partie du corps de ce grand physicien.

On doit aussi citer un bâtiment du douzième siècle, qui servait de cour de justice et qui rappelle les basiliques romaines. Isolés, sans aucun appui extérieur, ses quatre murs sont restés malgré les tremblements de terre, et comme raffermis par l'énorme poids de la lourde toiture qu'ils supportent. Cette construction a cent pieds de haut et trois cents pieds de longueur au moins.

Parmi les beaux édifices qui ornent Padoue, il faut mentionner l'église Sainte-Justine et la cathédrale, toutes deux dues au fameux *Palladio*. Dans la première on remarque un groupe colossal en marbre, représentant la descente de la croix. Ce qui, dans la seconde, frappe le plus, ce sont ses sept dômes, qui lui donnent une ressemblance avec certains monuments asiatiques.

Les environs de la ville de Padoue sont fertiles, mais d'un aspect peu magnifique. On rencontre les gens notables du pays en cabriolets dorés, usés, jamais lavés, et que tire un malheureux cheval attelé de cordes qui lui déchirent les flancs, et que l'on roue à coups de fouet.

Les campagnes de la Lombardie offrent aussi un autre spectacle qui réveille tous les souvenirs de l'antiquité; ce sont ces pesants chars aux roues massives, à la lourde charpente, avec un attirail de chaînes sonores auxquels sont attelés de magnifiques bœufs à la robe d'un gris cendré, aux cornes immenses, dont la pointe est ornée d'une boule d'acier poli, aux pas lents et mesurés. On y voit deux et même trois paires de bœufs, et toute la charge consiste en un seul tonneau de raisin; c'est que le principal travail est le tirage du char; le poids que celui-ci supporte n'est rien en proportion.

POMPÉIA.

Herculanum et Pompéïa ont dans les annales profanes la même célébrité de malheur que Sodome et Gomorrhe dans les saintes Écritures; comme les deux villes maudites de la Palestine, les deux cités romaines descendirent tout entières, toutes vives dans la tombe. Ce fut sous le règne de l'empe-

Vue de Pompéi, p. 14.

reur Titus, l'an 79 de l'ère chrétienne que survint cette grande catastrophe, dont fut cause une épouvantable éruption du mont Vésuve. Herculanum et Pompéïa, situées toutes deux sur le rivage de la mer au sud du volcan, dormaient dans une sécurité profonde, lorsque leur dernière heure arriva tout à coup. La première s'abîma engloutie sous des torrents de lave ; la seconde fut ensevelie sous un affreux déluge de cendres et de pluie, qui, lancées du cratère et se combinant dans les airs, retombèrent en boue. Toutes deux disparurent. Le désastre fut si entièrement consommé qu'on ne chercha même pas à débarrasser les deux cités de leur funèbre enveloppe, à les faire sortir de leur tombeau. Le temps s'écoula, la surface du sol s'était aplanie ; les vestiges qui marquaient la place où reposaient Herculanum et Pompéïa s'étaient effacés, et le voyageur les put fouler aux pieds sans se douter qu'il marchait sur deux cités romaines. Dix-sept siècles environ avaient ainsi passé, lorsque des paysans, creusant la terre pour faire une plantation d'arbres, découvrirent les ossements d'Herculanum, et bientôt après d'autres fouilles, également faites au hasard, révélèrent l'existence de Pompéïa. Des travaux d'exhumation furent aussitôt commencés, et les deux villes devinrent une mine inépuisable de trésors archéologiques. Dans les livres, dans les monuments, l'antiquité romaine domestique n'avait été vue encore que par fragments, par morceaux détachés. Il y avait des lacunes que l'interprétation la plus ingénieuse, que les suppositions les mieux fondées, ne remplissaient que d'une manière imparfaite et hypothétique ; c'était un tableau dégradé, mutilé, dont diverses parties manquaient. A Pompéïa, l'antiquité a été retrouvée entière, intacte, admirablement conservée dans ses moindres détails ; la vie romaine est là, surprise, pour ainsi dire, sur le fait ; on cherche, on attend les habitants ; car il semblerait presque que pas une journée, que pas une heure ne s'est écoulée depuis le moment où ils se sont éloignés. « Auprès de temple de Jupiter, dit un voyageur, est un autel de marbre blanc fort beau, tout nouvellement sorti des mains du sculpteur ; les ouvriers finissaient les murs de clôture ; l'un d'eux venait d'appliquer sa truelle de mortier et de l'étendre, il revenait sur la couche pour l'aplanir, lorsque sa main a été soudainement arrêtée. Le travail est encore tout frais (après dix-huit cents ans) ; vous croiriez volontiers que le maçon est seulement allé dîner, et qu'il va revenir pour l'achever. »

L'illusion qui a suggéré cette dernière réflexion se reproduit de tous côtés dans Pompéïa ; partout on retrouve des tra-

vaux interrompus, des occupations inachevées, tant furent
grandes la terreur de la population et la précipitation de sa
fuite! Ici un boulanger tirait son pain du four au moment où
il fallut fuir : la moitié de la fournée est encore au fond du
four, mais réduite en charbons ; là, des soldats s'amusaient à
crayonner des figures sur les murs du corps-de-garde ; leurs
dessins n'ont pas reçu la dernière main, et les artistes épou-
vantés désertèrent le poste en si grande hâte, qu'ils ne son-
gèrent même pas à ouvrir la porte à des camarades renfermés dans les violons ; ceux-là furent victimes, et on les a
retrouvés cramponnés aux barreaux qu'ils s'efforcèrent, sans
doute, d'arracher dans leur désespoir. Les magasins d'épiciers garnis de vases attendent les chalands ; les cabarets,
dont les comptoirs sont encore souillés de taches de vin et
de l'empreinte des coupes, appellent les buveurs ; des affiches
provoquent l'attention du public, et Mlle Julia Félice, fille de
Spurius, apprend au public, par un écriteau tracé sur le mur
de sa maison, qu'elle a à louer 900 boutiques et un établissement de bains. Ces boutiques, extraordinairement multipliées, conservent encore leurs enseignes différentes, qui
offrent de singulières analogies avec celles qu'ont adoptées
nos marchands : les vendeurs de lait s'annoncent par des
images de chèvres et de vaches ; les traiteurs par du gibier,
du poisson, des moutons, des sangliers embrochés, et les
pharmaciens se reconnaissent à l'effigie du serpent symbo-
lique.

On ne saurait exprimer l'intérêt vif et profond qu'inspire
l'aspect de cette cité, dont aucun objet moderne n'altère
la pure physionomie antique. La curiosité, tempérée par des
impressions sérieuses, ne sait sur quel détail s'arrêter dans
cet ensemble, dont chaque partie révèle quelque habitude de
la vie romaine. Cependant, la distribution intérieure des maisons privées mérite surtout d'être étudiée en ce qu'elle est
beaucoup moins connue que celle des édifices publics. Les
maisons de Pompéia, alignées sur des rues tortueuses, étroites
et garnies de trottoirs, sont généralement très basses et
n'ont point de fenêtres. Une grande porte donne accès dans
l'intérieur ; sous cette porte est placée une loge destinée au
portier et flanquée de deux niches, dans lesquelles étaient
enchaînés, comme gardiens, un chien et un esclave. Les appartements sont distribués tout autour d'une cour pavée de
mosaïques, et entourée d'une galerie ouverte et circulaire
que supportent des colonnes ; ils ne recevaient la lumière
que par les portes et par le toit, où l'on pratiquait, sans doute,
des ouvertures vitrées. Presque toutes ces maisons renfer-

maient, à la partie située sur la rue, des boutiques qui n'ont pour la plupart aucune communication avec le reste du logis; mais quelques autres, percées de portes ouvrant sur l'intérieur, confirment cette assertion des historiens, que les plus riches propriétaires ne dédaignaient pas de vendre eux-mêmes en détail l'huile et le vin qu'ils recueillaient sur leurs domaines. La disposition des maisons de Pompéia est aussi un témoignage à l'appui de l'opinion que la vie des Romains se passait presque entièrement en public. Tout est calculé pour l'aisance, pour la splendeur des actes extérieurs, des cérémonies publiques; rien n'est fait pour la commodité, pour l'agrément de la vie privée.

Si ces maisons particulières, dans les cours de quelques unes desquelles on trouve des fontaines et des vestiges de jardins, n'ont pas fléchi à Pompéia sous le poids de dix-huit cents ans, les édifices publics ont dû naturellement s'y maintenir dans un état de conservation encore plus parfait. C'est en effet, dans cette ville enfouie que l'on trouve les modèles les plus intacts de l'architecture publique, sacrée et profane, des temples, des théâtres et des cirques. Un temple d'Auguste, destiné à servir de salle pour les banquets solennels auxquels était convié le peuple, indique encore cet usage par les peintures et les sculptures dont il est enrichi, et les figures d'oie multipliées annoncent que ce produit des basses-cours était en haute estime auprès des gourmets romains. Au grand théâtre, les places qu'occupaient les spectateurs, selon leur rang, sont encore marquées, et un billet trouvé à la porte prouve que les prix d'entrée étaient peu élevés. Cette contre-marque, délivrée pour la représentation d'une tragédie d'Eschyle, avait coûté quelques sous. Le Forum, où s'agitaient les affaires politiques et commerciales, offre encore les piédestaux qui portent les statues des grands citoyens de Pompéia, et les débris de la tribune aux harangues; sa vaste enceinte est encore décorée de deux édifices magnifiques, d'un temple à Jupiter où l'on renfermait les deniers publics, et d'un temple à Vénus où siégait le tribunal criminel.

Pompéia a conservé aussi la dernière demeure de ses habitants, leurs monuments funèbres. Des différents points de vue sous lesquels la ville peut être contemplée, il n'est pas d'aspect plus intéressant peut-être que celui qu'offre la *Voie des Tombeaux*. Pas un cimetière antique n'est aussi intact, aussi complet dans son ensemble, et pas un n'expose avec autant de détails les habitudes romaines relatives aux mausolées et aux lieux de sépulture. Ce cimetière, situé à l'une des portes de la ville, forme une longue et belle avenue; la voie publique, très étroite et pavée de grandes dalles de lave, sur lesquelles on voit encore l'empreinte des roues des voitures, glisse entre deux trottoirs que bordent latéralement deux rangées de tombeaux. Les plus spendides mausolées sont placés en avant, les plus simples sont rejetés en arrière; quelques tombes ne renferment qu'une seule dépouille mortelle, d'autres sont la sépulture commune de toute une famille; un petit mur mesure l'espace aux morts et marque l'étendue allouée à chacun d'eux. Ces monuments funèbres sont construits, pour la plupart, d'un marbre poli, dont l'éclatante blancheur étonne, et travaillés avec un art et un goût parfaits; uniformes dans leur structure, ils présentent généralement une voûte, dans la face intérieure de laquelle sont creusées des niches qui recevaient les urnes cinéraires; en avant et au dehors se dressent une table et des siéges de pierre : c'était là que les parents et les amis prenaient les repas funéraires. Les bas-reliefs qui décorent quelques uns de ces tombeaux prouvent que chez les Romains, comme parmi les modernes, les sentiments de vanité s'alliaient à la douleur. Les citoyens de haute classe ou de haut mérite jouissaient, au théâtre et au Forum, du droit de s'asseoir sur un siége d'honneur, nommé *bisellium*, et qui était un banc orné de coussins frangés : ce banc pouvait recevoir deux personnes; mais le privilégié devait s'y asseoir seul. Le signe caractéristique de cette distinction consistait, en résumé, à occuper double place. Le *bisellium* d'honneur est pompeusement sculpté sur quelques tombeaux, en guise des armoiries dont nos grandes familles décorent les caveaux où repose leur race. Une inscription gravée sur l'un de ces monuments, fait voir aussi que l'antiquité connaissait, sinon les souscriptions funèbres, du moins l'usage d'honorer les grands citoyens, en mettant les frais de leur sépulture à la charge de la cité. L'inscription porte que le tombeau est élevé par Allya Decimilla, prêtresse de Cérès, à son mari, Marcus Allyus, et à leur fils, sur un terrain concédé par le peuple.

D'autres mausolées de Pompéia sont encore intéressants en ce que leurs décorations donnent lieu à des rapprochements entre les idées romaines et celles des peuples modernes : on y retrouve l'allégorie si chère aux Orientaux; ainsi, sur un tombeau qu'elle avait fait élever à sa famille, à ses affranchis et à elle-même, Nivolya Tyche avait voulu qu'on sculptât une barque qui entrait dans le port. Quelques autres tombes, sans avoir de signification précise, sont encore extrêmement remarquables par la délicatesse de leur travail et par la magnificence de leurs sculptures.

Ces tombeaux, composés de matières plus dures, et offrant

Palais des Doges, à Venise, p. 19

moins de prise à la destruction, sont encore mieux conservés
que les édifices publics et privés de Pompéïa ; ils sont accu-
mulés à rangs si pressés que la route qui les traverse en a pris
le nom de *Voie des Tombeaux*. C'est par là que l'on pénètre
dans la ville, en laissant sur la gauche une grande auberge où
allaient, sans doute, se restaurer les fossoyeurs et les ouvriers employés aux sépultures. Le spectacle de ce cimetière
prépare bien, sans doute, à l'aspect de la cité qu'a frappé un
si épouvantable désastre, et cependant, il ajoute encore, peut-
être, à l'illusion ; les demeures des trépassés semblent si
fraîches et si neuves qu'on ne peut pas croire que ceux-là
qui viennent de les élever sont aussi au nombre des morts
depuis dix-huit siècles.

VENISE.

Venise dont la population est de cent dix'mille âmes, couvre
la superficie de quatre-vingts petites îles réunies par quatre
cent huit ponts. Un grand canal la coupe en deux parties égales; d'autres canaux bordés de maisons bordent ses rues. Elle
s'unit maintenant à la terre ferme par le pont le plus long qu'il
y ait au monde. La place de Saint-Marc, qui borde le pont, rappelle l'ancienne splendeur de Venise. L'ancien palais ducal,
dont la façade regarde la mer, était la résidence habituelle du
doge, et le lieu où siégeaient les redoutables inquisiteurs d'E-
tat. La basilique de Saint-Marc, ce célèbre monument, est un
édifice dont l'ensemble et les détails sont si extraordinaires,
et où la vue est tellement éblouie par les immenses richesses
qu'elle renferme, que l'observateur ne saurait se reconnaître
au milieu de cette profusion.
Le grand canal est la vie de Venise, c'est son *cours* ; c'est là
que tout le monde veut avoir une habitation, et c'est là aussi
qu'on accourt pour admirer les morceaux d'architecture les
plus rares. A gauche de la Piazetta, commence le grand canal,
vulgairement appelé *canalazzo*, dans le lieu où s'élève la
douane de mer ou de transit, édifice aussi solide que magnifique ; l'architecte qui le construisit en 1682, le couronna par
un globe qui supporte le simulacre de la fortune. En tournant
sur la gauche, on aperçoit la riche et superbe église *Sancta
Maria della Salute*. Élevée à grand frais pour accomplir un
vœu fait par la république de Venise, à l'occasion de la peste
de 1630 qui fit dans cette ville plus de quarante-quatre mille

victimes. L'architecte Balthazar Longhena, inspiré par ce même
génie de grandeur qui caractérisait la république, décora extérieurement ce temple d'un ordre composite, d'un majestueux escalier, et couronna l'ensemble par deux hautes coupoles couvertes en plomb. Tout est chargé d'ornements et
embelli par cent vingt-cinq statues. L'intérieur présente un octogone circonscrit par un autre. Au sommet du premier, s'é-
lève la principale coupole ; le second renferme six autels secondaires et un maître-autel en face duquel s'ouvre la grande
porte d'entrée.

A côté de ce temple, on remarque un autre édifice, construit
en 1670 sur les dessins de Longhena, et qui, depuis 1818, fut
destiné au séminaire patriarchal. Dans l'oratoire de ce séminaire reposent les cendres de Sansovino.

A droite du canal, on rencontre ensuite le palais Fini ; puis
le palais Corner della Ca Grande Cet édifice, élégant et superbe, sert aujourd'hui de résidence à la délégation provin-
ciale. Un peu plus avant, s'élève le palais Cavalli. Sur la rive
gauche, en face de ces derniers palais, le premier édifice qui
appelle les regards, est le palais Dario, incrusté de marbres
fins, et construit à la manière des Lombards. Les palais Ve-
nier et Augarani nous conduisent ensuite à l'académie des
Beaux-Arts. Le bâtiment qui a aujourd'hui cette destination
s'appelait autrefois l'école de la Charité.

En continuant à parcourir le grand canal, nous trouverons,
un peu au delà de l'académie royale des Beaux-Arts, le palais
Justinien Lolin, bâti sur les dessins de Longhena ; le palais
Contarini Dagli Sgrigni, architecte Scamozzi ; le palais Rezzo-
nico, architecte Longhena ; le palais Moro-Lin, architecte, Sé-
bastien Mazzoni, Florentin ; les trois palais de la famille Gius-
tiniani, remarquables par leur architecture qui appartient au
moyen-âge ; le palais Toscari, édifice grandiose. Il fut élevé
vers la fin du seizième siècle, et servait ordinairement de demeure aux souverains qui, du temps de la république, venaient
visiter Venise ; le palais Balbi, édifice magnifique, mais peu
correct dans ses ornements ; le palais Contarini ; les quatre palais de la famille Moncenigo ; le palais Gratiani, construit au
commencement du quinzième siècle ; le palais Barbarigo ; le
palais Corner Spinelli, édifice d'un goût exquis ; le palais Contarini est d'une architecture du style lombard ; le palais Grimani, aujourd'hui siége de la direction des postes, est considéré comme un chef-d'œuvre. La façade se compose de trois
ordres corinthiens, dont le dernier présente quelques imper-
fections. Le palais Farsetti, aujourd'hui hôtel de la Grande-
Bretagne ; le palais Manin ; le palais Mangili, aujourd'hui Val-

Place du Dome à Venise, p. 20.

Le grand canal à Venise, p. 20.

Baie de Naples, p. 21.

marana; le palais Micheli delle Colonne. On y admire encore trois chambres, tendues de tapis, dont les dessins ont été donnés par Raphaël, et un musée d'armes qui contient l'équipement militaire du doge Dominique Micheli, qui marcha à la conquête de la Terre-Sainte; le palais Sangredo, architecture moyen-âge; l'escalier de cet édifice est un ouvrage très estimé. La Ca Doro, édifice du quatorzième siècle; il n'est pas complet, et se compose de plusieurs styles parmi lesquels domine l'arabe-sarrasin. Le palais Corner; le palais Pesaro, est un bâtiment magnifique, tant par son étendue et sa solidité que par sa richesse; le palais Grimani; le palais Bataggia, aujourd'hui Capovilla; le palais Vendramin Calergi; le palais Correr, où l'on admire une collection de camées, gravures, médailles, peintures, manuscrits, émaux, ivoires, etc. Le palais Labia; le palais Manfrini qui contient d'excellentes peintures, entre autres, une foule d'ouvrages des anciens peintres qui fleurirent à la renaissance; la maison Cicognara, dont le propriétaire était intimement lié avec Canova; le palais Grimani, ouvrage du seizième siècle. La cour de ce bâtiment est admirable; tout autour on a disposé une riche collection d'anciennes statues, de petits temples, d'urnes, de bas-reliefs, d'inscriptions, etc., et d'autres ouvrages grecs et romains. Parmi ces divers ouvrages, se distingue la statue colossale de Marcus Agrippa, ouvrage enlevé du vestibule du Panthéon de Rome. Enfin, le palais Corniani d'Algarotti. Dans la cour, on remarque une sibylle, ancienne statue grecque, ornée de bas-reliefs.

Il n'existe sur le grand canal que le pont de Rialto, et il est le seul qui serve de communication aux deux groupes principaux d'îles qui composent la ville de Venise. Le pont de Rialto fut élevé en 1588, par l'architecte Antoine da Ponte, sous le doge Pascal Cicogna. Il est bâti en pierre vive, et formé d'une seule arche, dont la hauteur est de plus de dix-huit pieds vénitiens au dessus de l'eau; il est embelli par deux rangs de boutiques au nombre de douze par chaque rang.

Venise, une des deux capitales du royaume lombardo-vénitien, est située au milieu des lagunes qui portent son nom, au fond du golfe Adriatique, et à deux lieues du continent. Sanazzaro, en comparant Rome et Venise, dit que si la première est l'ouvrage des hommes, la seconde doit être attribuée aux dieux. En effet, elle semble sortir du sein des eaux, et là où jadis on ne voyait que quelques roseaux épars çà et là dans les marais fangeux, s'élèvent aujourd'hui des temples magnifiques, des palais superbes, des coupoles, des colonnes, des arcs et des tours.

NAPLES.

Voyez Naples, puis mourez, fermez les yeux, vous n'avez
plus rien à voir dans le monde : tel est le cri d'orgueil qui ac-
cueille les voyageurs à leur arrivée dans l'antique Parthénope:
voyez Naples et vivez-y, tel fut l'amendement que proposa
Dupaty au vaniteux proverbe, et les beautés et les délices
de Naples justifient l'une et l'autre exclamations. Nulle ville
n'étale aux yeux plus d'enchantements, nulle part ailleurs ,
la vie ne coule aussi douce! Si quelque fondateur de cité eût
parcouru le globe, en quête du site le plus heureux, il n'aurait
plus cherché dès qu'il eût vu la baie de Naples. « Je préfère
encore la baie de Naples, » s'écriait M. de Châteaubriand, au
moment où ses regards embrassaient avec admiration toutes
les magnificences du Bosphore.

La mer italienne, qui n'a pas le caractère indompté, la physionomie sauvage et grandiose de l'Océan, avance avec mollesse ses flots bleus dans l'intérieur de la douce Campanie,
de manière à former une courbure gracieusement arrondie
de cinquante milles d'étendue. Ce n'est point par une force
apparente que s'est opérée cette conquête des flots; les rivages ne sont point déchirés, et ne portent point les traces de
l'invasion; la terre et l'eau ne semblent pas avoir été, elles
ne sont pas en lutte, et la vague ne se brise pas avec fureur
au point où elles se touchent. Tout est calme, harmonieux ; la
rive reçoit la mer avec complaisance, et la mer monte avec
ménagement sur la rive. C'est un lac aux ondes pures, dor-
mantes, en paix avec ses bords, dont la vie ne se révèle point
par des mouvements violents et passionnés, mais par un gon-
flement facile, et, pour ainsi dire, par une respiration régulière.

Les côtes qui forment les rives de ce lac opposent à toutes
ces beautés des eaux, des accidents terrestres d'un effet non
moins séduisant. D'un côté, domine le Vésuve : ses sommets
sont presque perpétuellement blanchis par les neiges; ses flancs
calcinés, nus et abandonnés aux cendres et aux laves, ont
une teinte sombre et mélancolique; les végétations rivales du
Midi et du Nord enveloppent son pied d'un immense tapis de
verdure, et quelquefois, pour compléter ce tableau de la montagne, une colonne gigantesque de fumée va la réunir au ciel
et se replie sur elle-même en chapiteaux et en voûtes, au moment où elle touche aux nuages; ici, la nature se montre toute
majestueuse, toute sublime; mais de l'autre côté, elle offre

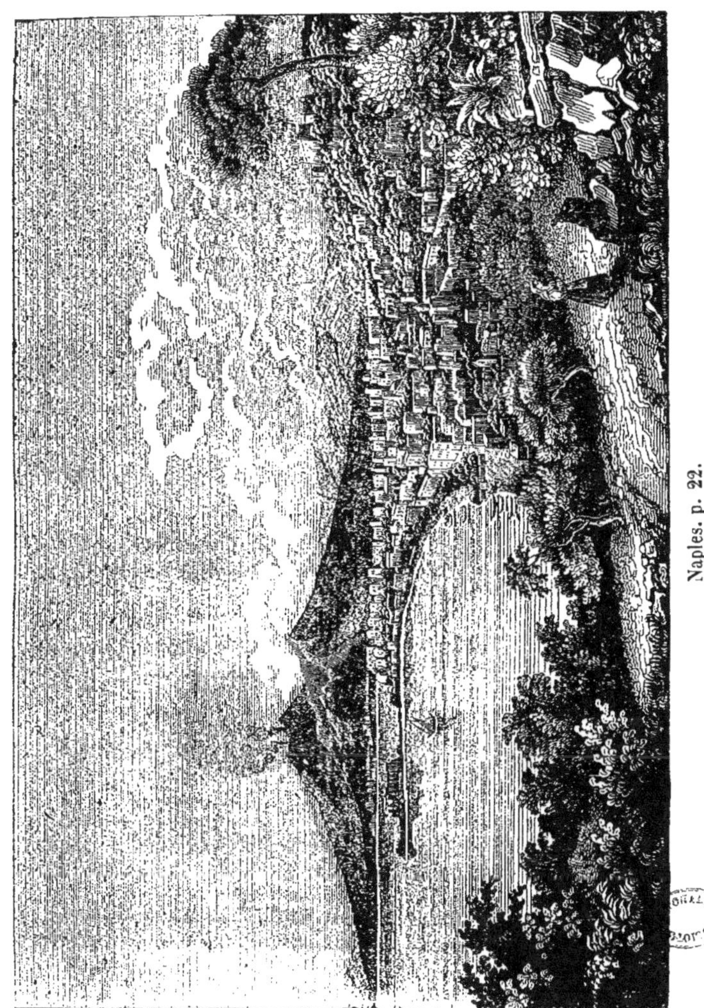

Naples. p. 22.

des charmes ineffaçables : c'est là que s'élève ce mont Pausilippe qui porte un défi à la tristesse, ainsi que le constate son
nom harmonieux, renommé dans l'antiquité ; là, tous les
traits du paysage sont doux, moelleux, arrondis ; l'œil se repose sur tout avec sensualité : la nature est toute suave, toute
gracieuse. Le ciel, qui forme un dôme à cette terre et à cette
mer si belles, déploie aussi des splendeurs inconnues aux
autres contrées, et se pare de ces teintes bleues si particulières qui font la gloire des paysages du Midi et le désespoir de
la peinture. L'air tiède, chargé de mille parfums, facile et
doux à la poitrine, jeté sur ces tableaux comme un voile
transparent, qui n'altère point la pureté des lignes, la netteté
des détails, mais qui enveloppe l'ensemble d'une teinte vapo-
reuse. C'est au milieu de ces pompes, au sein de ces délices
naturelles, entre le mont Vésuve et le promontoire de Pausilippe, qu'est située l'heureuse Naples, au plus profond de la
baie.

N'était la date du déluge trop impérieuse pour n'être pas
prise en considération, les Napolitains auraient volontiers dit
leur ville contemporaine des premiers âges de la création :
mais contraints d'en rabattre, ils placent successivement sa
fondation dans tous les siècles de l'ère fabuleuse, et lui donnent pour auteurs les héros les plus renommés. Si l'on refuse
d'accepter pour fondateur de Naples l'un des Argonautes, ils
se réjettent sur la sirène Parthénope, qu'Homère a chantée,
et qui vivait au temps du siége de Troye ; après la sirène, ils
nomment Hercule, puis Enée, puis Ulysse, et ce n'est que
forcés, pour ainsi dire, de position en position, de siècle en
siècle, qu'ils consentent, enfin, à admettre que leur cité fut
créée à l'époque commune où les Grecs, trop resserrés dans
leur patrie, vinrent jeter des colonies en Sicile et sur les
rives méridionales de l'Italie. Poussés jusque-là, les Napolitains refusent absolument d'aller plus loin, et il faut reconnaître que toutes les traditions historiques, et les noms de leur
ville, Parthénope, Néapolis, justifient assez complétement leurs
prétentions à une origine grecque. Cependant, et malgré tous
les attraits qui devaient y faire affluer des habitants, Naples
demeura longtemps dans une condition obscure : elle ne
commença à prendre son essor qu'après l'invasion des Carthaginois en Italie. Naples avait sagement pris parti pour les
Romains, et les Romains, vainqueurs, la traitèrent avec une
bienveillance marquée. Sous la république, et plus particulièrement encore sous les empereurs, elle fut une des villes
dépendantes de Rome les plus favorisées ; son beau ciel, son
doux climat y attachèrent, en foule, les Romains, si avides de

jouissances, si experts dans l'art de s'en procurer, et les plus riches habitants de la capitale italienne abandonnèrent les rives du Tibre pour les ombrages de Pausilippe. Naples, au siècle où l'empire d'Occident s'écroula, était une des villes les plus fortes et les plus opulentes de l'Italie. Depuis ce moment, ses destinées ont été étrangement bouleversées, et cette cité, faite pour le calme, la mollesse et le bonheur, a été tourmentée par des guerres et des révolutions, plus cruellement, peut-être, que toute autre ville d'Europe.

Les Grecs, les Romains, puis encore les Grecs, les barbares du Nord, les Sarrasins, les Normands, les Français, les Allemands, les Espagnols, l'ont tour à tour foulée en maîtres; néanmoins ils ont tous passé, sans laisser, pour ainsi dire, d'empreintes sur le sol : l'influence des choses, la puissance du climat ont été plus fortes que l'action des hommes; Naples est toute italienne, purement italienne. Si quelques traits isolés rappellent la main des Romains et celle des conquérants du Nord, ces détails exceptionnels disparaissent dans la physionomie de l'ensemble. Naples, considérée dans son intérêt matériel de ville, est une exacte traduction du caractère italien moderne. Des châteaux-forts, des murailles se dressent, des canons menacent, mais ce n'est pas une ville de guerre; on y remarque du mouvement commercial, on y voit des quais animés, un port vivant, mais ce n'est point une ville marchande; vous trouverez des manufactures, certaines industries prospèrent, mais ce n'est point une ville industrieuse; des écoles de tous degrés, de toute nature abondent, mais ce n'est point une ville d'études. Naples n'offre aucun aspect qui annonce un but certain, une vocation déterminée, un travail spécial; c'est une ville créée seulement pour qu'on y vive, pour que la vie s'y écoule à ne rien faire, à ne faire du moins que ce qui est nécessaire; c'est la patrie par excellence du *far niente*. Trois cent et quelques mille individus s'y sont rassemblés, non sous l'impulsion d'une de ces idées, d'un de ces calculs qui font agir ailleurs, mais parce que c'est un bonheur d'exister là : il leur fallait de l'air, de l'espace, ils ont alligné leurs maisons tout le long de la baie sur une étendue de plusieurs milles; ils leur ont donné des toits qui puissent servir de promenades. Impatients de tout voir, de tout entendre, de tout savoir, ils ont établi leur intérieur dans la rue, ou plutôt ils ont fait passer la rue dans leur domicile. Passionnément dévots, ils ont voulu d'innombrables églises; mais, pleins d'un mauvais goût, fastueux et adorateurs du clinquant, ils ont accumulé dans leurs basiliques, avec une profusion ridicule, les marbres, les pierreries, les dorures, les

sculptures, les peintures. Aussi avides de spectacles profanes
que de pompes religieuses, ils ont multiplié les théâtres
comme les églises, et ils montrent leur salle de Saint-Charles
avec la même vanité que leur cathédrale. Nés avec l'instinct
des arts, ils ont rassemblé en vastes collections de belles statues et de précieux tableaux; cependant, si l'on cherche la
pensée qui a présidé à la création de tout cela, on ne trouve
que le désir, que la volonté de jouir, qu'une combinaison pour
impressionner les sens, pour exciter l'imagination, pour dé-
penser le temps en agitations, en émotions tumultueuses et
récréatives. Pas un résultat n'a pour principe une idée sérieuse, pas un ne constate un effort patient et prolongé, une
intervention active des facultés graves et élevées de l'intelligence. Cette ville, sans caractère saillant, sans traits marqués
au coin de la puissance, sans destination laborieuse, est
d'ailleurs, et par cela même, en entière harmonie avec le site
qu'elle anime; elle est aussi la demeure parfaitement convenable de l'innombrable population qui tourbillonne dans ses
rues. A voir cette précipitation, ce concours ardent, empressé,
à entendre cette permanence de cris, qui a valu aux Napolitains, sous la plume d'Alfieri, la qualification de maîtres en
l'art de crier; à contempler les innombrables bateleurs et
leurs plus innombrables spectateurs, on dirait un jour de
fête populaire : c'est fête, en effet, mais c'était ainsi fête
hier, ce sera ainsi fête demain, ainsi fête tous les jours.
Toute cette population a pour sérieuse et perpétuelle
affaire de s'amuser. Puis à voir cette oisiveté, cette langueur,
cette nonchalance, cette somnolence universelle, on dirait
un jour de repos, et l'on dirait vrai; mais c'est encore un
jour sans veille et sans lendemain. Au surplus, les Napolitains
subissent l'influence de leur bienheureux climat; ils s'accom-
modent aux circonstances physiques de leur patrie. Ils sont
ce que les font leur ciel, leur mer, leur Campanie; ils sa-
vourent l'existence que la nature leur a donnée si douce, si
facile. Qu'est-il besoin que le lazzaronne travaille, lorsque
avec 40 centimes par jour, il peut vivre dans l'abondance et
le luxe ?

VÉRONE.

L'aspect de Vérone est grandiose et imposant ; ses fortes murailles sont flanquées de tours, les parapets de ses ponts ont des créneaux, ses rues sont larges, magnifiques. Tout annonce en un mot une cité digne de la réputation dont elle jouit en Italie. Elle est traversée par l'Adige, qui la divise en deux parties égales ; ses cinq portes magnifiques, ses longues et larges rues, ses palais nombreux annoncent une ville de premier ordre. Son hôtel-de-ville est un des plus beaux que l'on connaisse ; on y voit un amphithéâtre romain d'une étonnante conservation. L'église Saint-Zénon est remarquable par ses portes en bronze richement ciselées, par le tombeau de son patron couvert d'ornements bizarres, et par un mausolée qu'on dit être celui de Pépin, fils de Charlemagne. On voit dans la cathédrale le tombeau de Léon III, et l'assomption du Titien.

A quelque distance de Vérone, on remarque le pont naturel de Véjà, dans les montagnes du Véronais ; c'est un des plus curieux phénomènes de l'Italie. Sa rivière, limpide cascade qui ne tarit jamais, coule au milieu du gazon et des arbrisseaux, et glissant sur une large pierre, polie par ses eaux, elle forme plus bas une charmante fontaine. Ce pont sauvage est décoré de légers festons de verdure que le vent balance au dessous de son arche. Les vallées voisines qu'on traverse avant d'y arriver sont réellement infernales pour l'aridité et la désolation. A côté du pont de Véjà est une grotte souterraine formée de rochers : « Si le Dante la visita jamais, et si les *cicerone* qui le conduisirent eurent le même luxe de torches, jetant une fumée aussi noire que celle des nôtres, il put trouver dans cette expédition nocturne comme une scène de démons pour son poème. »

ANCONE.

Ancône est d'un bel aspect au dehors et laide au dedans. Le Bagne et le Ghettho, institutions assez analogues dans l'État romain, ajoutent encore à ce dégoût qu'inspire la ville. L'arc de triomphe de Trajan, resplendissant et entièrement

Forteresse de Vérone.

Ancône, p. 25.

Bologne p. 26.

de marbre blanc, le plus beau qu'il y ait au monde, forme, avec le reste, un contraste choquant. Ce seul monument suffirait pour faire juger de la grandeur romaine. Ancône possédait un vaste théâtre ou amphithéâtre, dont il existe d'importants débris cachés sous les constructions modernes de la ville.

Un ancien temple de Vénus, sur une hauteur, est devenu la cathédrale, dédiée à saint Cyriaque; elle n'a de remarquable que la vue, de belles colonnes antiques et un superbe sarcophage antique. Saint-Dominique est une grande église refaite il y a quarante ans.

La bourse d'Ancône a un caractère particulier : sa façade est gothique, et à la voûte sont les superbes fresques de Tibaldi, *Hercule domptant les monstres*, imitation du grandiose terrible de Michel-Ange.

L'extérieur du théâtre d'Ancône n'a rien de remarquable, il ressemble par les dispositions scéniques à la plupart des théâtres d'Italie.

Ancône fut occupée par les troupes françaises sous le ministère de Casimir Périer, et évacuée, en 1839, sous le ministère Molé et Guizot.

BOLOGNE.

La docte Bologne peut encore être regardée à juste titre comme une des plus illustres cités de l'Italie; son université, comme une des plus anciennes et des plus célèbres écoles scientifiques.

L'église Sainte-Pétrone est en grande vénération parmi les Bolonais; élevée du temps de la liberté bolonaise, à la fin du quatorzième siècle, cette église est un monument de la magnificence religieuse des républiques du moyen-âge, et une preuve de la dignité, de l'importance de leurs artistes.

A l'entrée de l'église Sainte-Marie *della vita*, on éprouve diverses impressions; dans un brillante chapelle sont déposés les ossements du bienheureux Bonaparte, transportés là au commencement du dix-huitième siècle, de l'église voisine de Saint-Egilio. Le tableau qui représente saint Jérôme et le même Bonaparte est un ouvrage estimé de Milani. Il est permis de s'étonner à l'apparition dans un tel lieu de ce nom éclatant et redoutable, qui semble bien plus appartenir aux annales du faste et de la gloire qu'à la modeste légende des saints.

Bologne conserve à peine quelques ruines de l'ancienne maison commune de la république, siége d'un état libre et puissant, qui résista aux empereurs, et ne périt que par les proscriptions continuelles de ses concitoyens et l'appel de l'étranger. Le palais du podestat fut autrefois la demeure du roi Enzius, beau, jeune et brave, aimé dans les fers par une tendre Bolonaise, qui, sous divers déguisements, venait le visiter : Enzius est encore populaire à Bologne. On sait que le roi Enzius, fils de l'empereur Frédéric, devint captif des Bolonais, et qu'on ne put jamais s'entendre pour le rendre à la liberté. L'infortuné prince mourut à Bologne, après vingt-cinq ans de privations et de souffrance. On compte plusieurs magnifiques palais à Bologne; le plus splendide est le palais Ranuzzi, maintenant Bacciocchi, connu sous le nom de prince Félix, au temps de Napoléon, qui l'avait fait presque souverain.

De toutes les expéditions de tours, de dômes, de clochers et de phares, qu'un voyageur qui a de la conscience et des jambes doit accomplir, une des plus rudes est celle de la tour des *Asinelli*, à Bologne, tant l'escalier en colimaçon, espèce de longue échelle, est peu praticable. Cette tour, la plus haute de l'Italie, est placée au centre même de Bologne; elle sert quelquefois à des observations astronomiques; de son sommet, la vue est agréable; ce n'est ni l'immensité de la vue du dôme de Milan, ni l'horizon merveilleux du clocher de Saint-Marc, mais la plaine est fertile et cultivée, et les Appennins, de ce côté, au lieu de leurs sommets arides, n'offrent qu'une suite de collines riantes. La tour penchée, voisine de la tour des *Asinelli*, est moins élevée. Nommée la *Garisenda*, elle a fourni l'une de ces innombrables et pittoresques images du Dante, quand il compare le géant qui se baisse pour saisir son guide et lui, à cette tour, si on la considère lorsque les nuages fuient au-dessus de ses créneaux. L'inclination de la *Garisenda* n'est point un effet de l'art, mais de l'affaissement subit du sol; il est surprenant qu'elle ait résisté à plus de quinze tremblements de terre; elle paraît désormais inébranlable et indestructible, comme les tours penchées de Pise ou de Saragosse.

COGORETO.

Au fond du golfe admirable que forme la Méditerranée, en baignant les dernières côtes de la Provence, Nice, Livourne et le reste de la Toscane, un bourg de peu d'importance développe timidement quelques habitations modestes sur ce somptueux littoral. Ce bourg paisible et ignoré, c'est *Cogoreto*, ou Cugureo. Que de villes opulentes voudraient pouvoir acheter, au prix de leurs plus beaux palais, l'illustration que la naissance d'un seul homme assure pour toujours à cette petite bourgade au milieu de laquelle s'élève à peine un clocher ! C'est que *Cogoreto*, longtemps jalousé par Nervi, Savonne, et par Gênes elle-même, l'a enfin emporté sur ses puissantes rivales, et aujourd'hui peut seul s'enorgueillir avec droit d'avoir donné naissance à Christophe Colomb. Il ne reste plus aucun doute à cet égard, puisqu'il est certain que l'empereur Othon II avait fait donation à la famille de plusieurs biens, et, entre autres, du *château de Cogoreto*. Un passage d'une lettre de Christophe Colomb lui-même vient à l'appui de cette vérité : « Je ne suis pas, écrit-il à la nourrice de « Jean de Castille, le premier amiral de ma famille, à *Cogoreto*, « mais qu'on me donne le nom qu'on voudra; David a gardé les « brebis, et je suis le serviteur du même Dieu qui l'a fait roi et « l'a mis sur le trône de son peuple. »

Quelque modeste que soit le port de *Cogoreto*, c'est là cependant qu'il faut aller chercher le point de départ de Christophe Colomb. C'est là qu'il sentit naître cette passion pour la mer qui devait le porter plus tard à accomplir ses immortels voyages. Journellement avec les pêcheurs de la côte, puis à Gênes ou à Savonne, séparées par *Cogoreto*, il commença quelques courses de cabotage, et, se confirmant, par les relations des pilotes, dans son espoir de découvrir un nouveau monde, il partit en 1492, et dota l'Espagne de la plus riche partie de l'univers en échange de trois caravelles armées qu'il était allé inutilement mendier d'abord dans sa patrie, puis à la cour de Portugal, et qui lui avaient été enfin octroyées par Ferdinand et par Isabelle. Christophe Colomb est allé tranquillement mourir où il était né, et l'on éprouve je ne sais quelle tristesse à voir une vie aussi agitée finir sur un sol étranger. Mais c'est le sort commun à tous les grands hommes d'être les élus de l'adversité. Les récits historiques sont unanimes pour nous montrer, à côté de toutes les gloires, souvent de la pauvreté, toujours de l'amertume, et cependant tout noble cœur en est jaloux !

SUISSE.

GENÈVE.

A l'extrémité occidentale du lac auquel elle donne son nom, *Genève*, capitale du plus petit canton de la Suisse, est la ville la plus riche et la plus civilisée de la confédération, et l'une des plus éclairées de l'Europe. On ne peut nier l'influence intellectuelle qu'elle exerce par ses publications littéraires, scientifiques et morales. Ses bibliothèques, son Académie, son observatoire, son jardin botanique, ses sociétés savantes, y répandent le goût de l'instruction et des plaisirs solides, qui concourent, avec l'action d'un culte sévère, à la pureté des mœurs.

Ses rues, ses maisons, ses édifices, sont peu dignes d'attention : le luxe des habitations s'est porté hors de son enceinte. Nous remarquerons son beau pont suspendu sur des chaînes de fer, et celui par lequel on passe dans une île transformée en jardin anglais, au milieu duquel se trouve la statue de Jean-Jacques Rousseau; la place du Bel-Air, entourée de beaux édifices, et la rue de la Corraterie, où l'on voit la maison de Saussure et le musée Rath. L'ancienne cathédrale, édifice du treizième siècle, renferme les cendres de plusieurs évêques et celles d'un duc de Rohan.

Mais ce qu'il y a de curieux dans cette ville si célèbre, ce sont moins les monuments, les vieux débris des siècles passés, les chefs-d'œuvre de l'art, que sa vie intime, son organisation industrielle et civile, ce caractère particulier que lui donnent sa situation et le rôle qu'elle a joué. Combien de voyageurs, partis dans l'unique dessein de visiter la classique Italie, se sont sentis retenus à Genève, où d'abord ils ne voulaient que passer! Nous chercherions vainement une analogue à Genève dans les villes de la France ou de l'étranger; elle n'a ni l'opulence, ni l'éclat fashionable et le brouhaha des grandes cités à la mode, ni cet air mesquin, pauvre et guindé des petites résidences de province. Dans cette population de vingt-six mille âmes au plus, vous trouverez un genre de civilisation délicate, une sorte de dignité morale, un bon sens populaire, des habitudes littéraires, une activité industrielle, une facilité de mœurs, et enfin une certaine solidité qui séduisent la plupart des voyageurs.

Genève, p. 29.

Les bords du lac de Genève offrent des sites comparables à tout ce que l'Allemagne et la Suisse possèdent de plus magnifique. Nous avons déjà donné son étendue et sa profondeur; ses eaux, plus froides au fond qu'à la surface, éprouvent des variations subites de hauteur, que l'on a nommées *seiches*, et qui produisent souvent l'effet des marées.

Parmi les curiosités que renferme Genève, on ne saurait passer sous silence la statue en bronze que cette ville a dernièrement élevée à J.-J. Rousseau, et qui est due à M. Pradier. Cette statue est placée dans l'île qui porte le nom de ce célèbre écrivain, et que l'on voit dans notre vue de Genève. Aux voyageurs qui ont visité cette île, on montre ordinairement la place où fut brûlé, par la main du bourreau, le livre que J.-J. Rousseau a publié sur l'éducation sous le titre d'*Emile*. Cette place est au pied du tribunal du haut duquel se lisent les sentences aux condamnés, et devant la maison de ville. Les *touristes* demandent aussi pour la plupart à voir la maison de Rousseau; mais elle a été démolie depuis quelques années, et au même lieu s'élève une grande et belle construction en pierre de taille. Remarquons, au reste, que ce n'était là que la maison où Rousseau passa une partie de son enfance, et que sa mère le mit au monde dans la demeure d'une de ses amies chez laquelle elle était en visite.

Le 25 avril 1535, Genève adopta la religion réformée dont les doctrines furent après réglées par Calvin, et, en 1754, l'indépendance de cette République fut proclamée sous le règne d'Emmanuel III de Sardaigne. En 1768, des troubles mirent son état politique en danger et donnèrent lieu à une intervention de la France, de la Sardaigne et de la Suisse, qui firent accepter par les consuls un nouveau code de lois, fondé en partie sur des principes aristocratiques.

Cette forme de gouvernement dura, malgré les fréquentes manifestations de mécontentement, jusqu'en 1789, époque où une nouvelle révolution éclata. Ce que l'expérience avait prouvé être par trop incompatible avec la liberté républicaine dans l'édit de 1782 fut aboli, et ce qui parut convenable et analogue aux principes de la constitution et à la source de son esprit fut conservé. Cette pacification domestique devait faire espérer de longues années de paix à la république, mais la révolution française vint aussi y répandre ses ravages, et, en 1798, Genève fut réunie à la France par le gouvernement d'alors; mais au retour des Bourbons, Genève redevint république.

BALE.

Bâle est la plus grande ville de toute la Suisse. Elle est située au nord de la grande chaîne du Jura, qui forme la barrière septentrionale de la Suisse, dont elle semble détachée. Le Rhin, qui la traverse, se retourne brusquement vers l'Allemagne au sortir de ses murs. La ville s'élève sur les deux rives de ce fleuve majestueux : le grand Bâle, qui couvre la rive gauche, est la portion la plus antique et la plus considérable de la cité. Un seul pont forme la communication du grand et du petit Bâle; c'est à l'une des extrémités de ce pont qu'est placée cette horloge si célèbre jadis entre toutes celles de la chrétienté, à l'égard desquelles elle se trouvait constamment en avance d'une heure. Aujourd'hui cette singulière différence a disparu.

Cette capitale était, au onzième siècle, la plus importante ville de la Suisse, et fut pendant longtemps la plus célèbre de l'Europe dans l'art de l'imprimerie. Elle a donné naissance aux Bernouilli, à Euler et aux deux peintres Holbein, dont elle conserve quelques tableaux, avec la bibliothèque d'Erasme, qui vint y terminer ses jours. Ses rues et ses places sont belles, ses établissements publics nombreux, ses manufactures importantes, sa situation magnifique. Sa bibliothèque publique, composée de 40,000 volumes, possède plusieurs manuscrits précieux. On traverse le fleuve sur un pont de 14 arches bâti en pierre aux extrémités et en bois au milieu, où l'on remarque une construction gothique qui fut destinée à recevoir une statue de la Vierge. L'ancienne cathédrale nous présente son portail surmonté de deux tours carrées, mais terminées en flèches élégantes; le tombeau de Bernard de Massevaux, chevalier du quatorzième siècle; celui de l'impératrice Anne, femme de Rodolphe de Habsbourg, celui d'Érasme et plusieurs autres se font remarquer dans l'intérieur de ce temple, dont une des curiosités est une chapelle souterraine qui date du neuvième siècle. L'hôtel-de-ville déploie sa façade ornée de sculptures et de peintures à fresque; on y remarque la statue en bronze de Munatius Plancus, qui fonda Augusta Rauracorum.

Bâle, dont on fait remonter la fondation au quatorzième siècle, a été plusieurs fois bouleversée par des tremblements de terre et dévastée par la peste; elle est célèbre dans l'histoire par le mémorable concile qui s'y tint depuis 1431 jusqu'en 1444.

Bâle, p. 31.

Il est peu de vues aussi belles que celle dont on jouit de la place qui s'étend devant le *Munster-kirche* ou cathédrale de Bâle. On domine de cette hauteur la ville entière, le cours du Rhin et une grande partie du territoire allemand.

Bien que depuis la révolution de 1789, bien des gens de toutes les couleurs et de toutes les religions aient été tolérés à Bâle, les juifs continuent d'en être exclus comme par le passé.

Généralement il existe en Suisse une grande aversion contre les juifs, et les cantons protestants les repoussent tout comme les catholiques. On en voit quelques uns aux foires, mais ils partent avant le coucher du soleil : si on les trouvait de nuit dans certaines localités, on leur ferait subir des châtiments sévères.

Un usage antique s'est perpétué à Bâle à travers toutes les révolutions politiques qui ont eu lieu en Suisse: c'est celui d'attacher extérieurement à chaque fenêtre un miroir destiné à renvoyer dans le salon toutes les figures qui se succèdent dans la rue. Renfermées dans leurs appartements, les dames de Bâle ont besoin de cette distraction pour égayer les longues heures que leurs maris passent à la Bourse ou dans leur comptoir. Rarement on y donne des soirées, et les mœurs y ont conservé l'empreinte de l'ancienne sévérité.

A peu de distance de Bâle, à l'endroit où le chemin de Moutiers se sépare de celui qui conduit directement aux ruines du lazaret de Saint-Jacques, les bourgeois de cette ville ont élevé, il y a quelques années, un monument en l'honneur d'un combat héroïque soutenu par 1,600 Suisses contre toute l'armée de Charles VII, dont l'Autriche avait invoqué l'assistance contre les Bâlois révoltés, et qui saisit cette occasion de se débarrasser d'un ramassis de soldats ou plutôt de brigands stipendiés, connus sous le nom d'*Armagnacs*, qui lui étaient inutiles depuis sa paix avec l'Angleterre. Le fils de Charles VII, Louis, se mit à la tête de cette expédition, et se dirigea par Altkirch contre Bâle, où le concile était alors assemblé.

Le combat dura dix heures. Des blessés qu'on releva sur le champ de bataille, 32 seulement furent rendus à la vie. Une fois l'action engagée, aucun des leurs n'était tombé entre les mains des Français, si ce n'est couvert de blessures et hors d'état de se mouvoir. Seize Suisses seulement avaient battu en retraite avant l'attaque; quand ils revinrent parmi leurs concitoyens, ils furent dégradés et déclarés à jamais infâmes. En déblayant les ruines de l'hôpital Saint-Jacques, on trouva les cadavres d'une centaine de ces braves que les flammes avaient séparés de leurs frères et presque charbonnés. Ils étaient la plupart appuyés debout contre les murs d'une salle basse et les armes à la main.

Redoutant avec raison l'issue d'une guerre qui s'annonçait sous de si sanglants auspices, Louis n'osa pénétrer plus avant sur les terres d'un ennemi aussi déterminé. Il comprit combien il importait à la France d'avoir pour alliés de si redoutables adversaires, et c'est de cette sanglante affaire que date notre alliance avec la Suisse. Pendant trois siècles, ses enfants se sont montrés fidèles à leur pacte avec nos rois.

ZURICH.

Déjà connue avant Jules-César, sous le nom de Thuricum, comme un des lieux de résidence des belliqueux Tiguriniens, et devenue ville sous l'empereur Vespasien, Zurich était assez importante vers le cinquième siècle pour que les Allemands la jugeassent bonne à piller : ils la ruinèrent entièrement. Relevée de ses désastres, et recueillant, dès que les premières relations commerciales commencèrent à s'établir entre les peuples, les fruits de son heureuse position intermédiaire entre l'Italie, l'Allemagne et les Gaules, elle était, au neuvième siècle, dans la situation la plus florissante ; Charlemagne y fixa pendant quelque temps son séjour. Zurich, au moyen âge, était déjà surnommée *la savante*. Le surnom de *la guerrière* ne lui aurait pas moins convenu ; car pendant plusieurs siècles elle eut toujours les armes à la main, soit pour conquérir ses libertés municipales et domestiques sur la noblesse dont les châteaux en ruines décorent aujourd'hui tous les points élevés de son territoire, soit pour fonder et conserver l'indépendance nationale de la Suisse, que menaçaient la maison d'Autriche et d'autres puissances étrangères, soit enfin pour établir sa domination sur les cantons voisins. Placée au premier rang sur les champs de bataille, Zurich descendit encore la première dans l'arène des contestations religieuses, et ce fut du haut de ses murailles que Zwingle, le précurseur et l'émule de Luther, prêcha la réforme à la Suisse. En même temps, Zurich établissait sa supériorité en tous genres sur les autres membres de la famille helvétique par ses entreprises commerciales, par son activité industrielle et agricole, et par ses institutions scientifiques et littéraires, qui dans les temps modernes l'ont fait considérer comme l'Athènes de la Suisse.

Zürich, p. 33.

Zurich. p. 54.

Assise dans une position pittoresque sur le penchant de
deux collines entre lesquelles coule le limpide Limmat au
moment où il s'échappe du lac de Zurich, la ville est entourée de puissantes murailles. Çà et là apparaissent au milieu
de constructions modernes, de vieilles maisons à allures
gothiques, flanquées de pavillons florentins, et dont les étroites
fenêtres, percées à 20 pieds du sol et garnies de barreaux,
sont encore pleines de méfiance et de précaution. Au milieu
du Limmat s'élève une tour menaçante, où gémirent tour à
tour des nobles faits prisonniers les armes à la main, et des
bourgeois qui avaient étendu jusqu'à la tyrannie leur pouvoir
municipal. La cathédrale date du septième siècle, et la célèbre
abbaye de Frauen-Munstre a été fondée par les petites-filles
de Charlemagne. La bibliothèque est un ancien temple de la
Victoire, élevé par souscription volontaire, en commémoration des désastres du duc de Bourgogne, Charles le Téméraire;
des manuscrits précieux et quarante mille volumes sont por-
tés sur son catalogue. Des artistes nationaux ont décoré
l'hôtel-de-ville, et les principaux événements de l'histoire
suisse ont été retracés par les peintres et les sculpteurs jusque
sur les poêles qui chauffent le bâtiment. Des hospices, des
académies, des écoles, des établissements commerciaux,
scientifiques, industriels, littéraires et consacrés aux beaux-
arts, attestent de toutes parts un état de civilisation raffinée
et de brillante prospérité.

Les montagnes du canton de Zurich, d'une hauteur relative-
ment médiocre, ne présentent point ces aspects magnifiques
et grandioses qu'offrent les cimes de quelques autres parties
de la Suisse; mais les rives de son lac allongé abondent en
paysages d'une suavité sans égale, et les débris des vieilles
forteresses féodales, dont ses collines sont parsemées, mêlent
l'intérêt de légendes aux charmes de la nature. Ici était, sur
le mont Hulti, le fort Uto, que Rodolphe de Habsbourg,
homme d'armes de Zurich, avant d'être empereur de l'Allemagne, enleva aux Regensberg, les oppresseurs de la ville;
et là, sur la montagne d'Albis, s'élevait le château de Manegg,
où les troubadours et les mennesingers venaient faire assaut
de poésie au commencement du quatorzième siècle, et où les
Zurichois, amis des lettres, se réunissaient jadis en pèleri-
nage.

LUCERNE.

Les nombreux lacs de la Suisse donnent aux villes bâties sur leurs bords une plus grande importance commerciale, et l'avantage de jouir des plus beaux sites : aussi Lucerne ne le cède à aucune des principales villes de la Suisse ; si elle n'est pas aussi régulière dans sa construction , que Berne, aussi animée, aussi gaie que Genève, aussi bien bâtie que Zurich, aussi hardie dans son assiette que Fribourg, elle a d'autres charmes qui lui sont propres. Magnifique avant-scène de l'amphithéâtre gigantesque des Alpes, jetée au bord du lac de Waldstettes, entre les deux cimes sourcilleuses du Pilate et du Righi, elle se présente aux yeux du voyageur avec une imposante majesté. La Reuss qui, découlant du sommet du Saint-Gothard, traverse le lac des Quatre-Cantons, arrose le centre de cette ville, qui réunit à son commerce de transit celui du produit de ses manufactures de rubans, de ses forges et de ses brasseries.

Lucerne a des rues larges et bien bâties ; elle joint les beaux points de vue que présentent son lac et ses environs. Il y a trois ponts de bois sur la Reuss, dont l'un a 1,380 pieds de longueur ; ils sont couverts et ornés de peintures anciennes, dont plusieurs sont dignes d'attention. L'église du Hof ou de Saint-Léger, l'ancien collége des jésuites et l'hôtel-de-ville méritent d'être cités. On voit dans l'arsenal de beaux vitraux du seizième siècle, l'épée et la hache d'armes de Zwingle, tué à la bataille de Capel en 1531, et quelques uns des trophées des batailles de Morat et de Sempach. A quelques pas de la ville s'élève une chapelle érigée aux mânes des Suisses morts aux Tuileries le 10 août 1792. Un peu plus loin, au milieu d'un rocher, un artiste habile a sculpté, d'après le modèle fait par le célèbre Thorwaldsen, un lion de 28 pieds de longueur sur 18 de hauteur ; il est représenté expirant, percé d'une lance, et couvrant de son corps un bouclier aux fleurs de lis. Lucerne est entourée de murailles qui datent du quatorzième siècle, qui ont joué longtemps un rôle important dans son histoire.

Nous ne ferons que citer la douane, la monnaie, l'hôpital, dont le fronton porte cette belle inscription : *Deo et pauperibus*, à Dieu et aux pauvres ; le gymnase, le théâtre, la maison des orphelins, et un grand nombre d'établissements de bienfaisance.

Quant aux environs de Lucerne, dont son lac fait tout le

Lucerne, p. 35.

charme, des vallons, des campagnes bien cultivées, des pâturages, le Righi surtout, si connu dans tout l'univers par la
vue immense dont on jouit à son sommet ; tel est, en abrégé,
ce que le voyageur rencontre autour de la ville. Mais qu'il n'oublie pas surtout dans ses promenades le mont Pilate, moins
connu que le Righi, et où la nature a cependant déployé une
inépuisable variété. Le Pilate est célèbre dans toute la contrée par une tradition populaire, qui le fait regarder comme
la demeure de Ponce-Pilate, d'où, ajoute-t-on, est venu le
nom de la montagne. A son sommet, haut de 6,900 pieds, se
trouve un petit lac, dans lequel, dit-on, le fameux Ponce Pilate,
poursuivi par ses remords et la disgrâce de Caligula, vint se jeter
la tête la première. Devenu mauvais génie, il habitait le fond de
ce lac, et n'aimait pas qu'on vînt l'y déranger, en y jetant des
pierres, selon la coutume de tous les badauds. Lorsque quelqu'un
se permettait cette incivilité à son égard, Pilate déchaînait sur
le pays d'horribles tempêtes, sans préjudice des mauvais tours
qu'il jouait à l'indiscret : ceux qui se baignaient dans le lac
étaient tirés par les pieds, et le juge maudit les entraînait au
fond. Aussi veillait-on avec grand soin sur la conduite des visiteurs, et, pour plus de sûreté, jamais on ne leur indiquait le
chemin du lac. Mais en 1584, Jean Muller, curé de Lucerne, se
concerta avec les magistrats pour détruire cette superstition. En
présence d'une foule innombrable, il jeta dans le lac une grêle
de pierres, en provoquant Pilate par une foule de propos insolents. Le maudit ne bougea pas ; et lorsque, sur les ordres du
curé, un paysan se mit à traverser le lac à la nage, il ne se présenta personne pour le tirer par les pieds. Les pâtres de la montagne ne comprenaient rien à cette indifférence du vieux Romain ;
mais, depuis cette époque, Pilate, sa montagne et son lac, ont
également perdu leur réputation.

FRIBOURG.

Fribourg est bâtie sur la rive gauche de la Sarine. L'étroite vallée au fond de laquelle coule cette petite rivière a des bords tellement escarpés, qu'elle servait de frontière commune à la langue française et à la langue allemande : cette limitation divisait rigoureusement la ville même de Fribourg, dont quelques quartiers se conservaient tous allemands, tandis que quelques autres demeuraient français. Quoique l'ouverture n'eût guère que 800 pieds, les voyageurs qui se rendaient de Berne à Fribourg avaient donc à descendre une colline de 200 pieds de hauteur pour atteindre un pont de bois jeté sur la rivière et à gravir immédiatement après une nouvelle pente de même hauteur, pour arriver au centre de la ville; et, quoique l'ouverture n'eût guère que 800 pieds, une heure suffisait à peine aux voitures pour franchir la crevasse, de sorte que la ville restait en dehors de tout commerce, de tout mouvement de circulation. Pour corriger ce désastreux accident de terrain, des esprits hardis imaginèrent qu'il serait possible d'exécuter un pont suspendu qui unirait les sommités des deux coteaux entre lesquels coule la Sarine. Le pont devait passer sur une grande partie de la ville. Ce projet semblait une véritable utopie. Néanmoins des citoyens zélés et les autorités pensèrent devoir le soumettre à l'attention des ingénieurs de tous les pays. Divers plans furent présentés. Le gouvernement cantonnal donna la préférence à celui de M. Challey de Lyon. En définitive, c'est le plan de notre compatriote qui a été exécuté, sous sa direction immédiate.

Commencée en 1832, cette œuvre, plus que romaine dans sa conception et dans son exécution, a été achevée au mois d'octobre 1834. M. Challey n'avait avec lui de France qu'un seul contre-maître habitué à le seconder; c'est donc avec des ouvriers du pays, inexpérimentés, ou qui du moins n'avaient jamais vu aucun pont suspendu, qu'il se lança dans une entreprise aussi hasardeuse; et toutefois, le 15 octobre 1834, quinze pièces d'artillerie, attelées de quarante-quatre chevaux, et entourées de trois cents personnes, traversaient déjà le pont et se portaient en masse, tantôt au milieu, tantôt aux extrémités, sans que l'examen le plus attentif indiquât aucune apparence de dérangement; et, quelques jours après, le passage d'une procession composée de toute la population de Fribourg et des environs, s'effectua avec le même succès, quoique à chaque instant le plancher portât plus de huit cents personnes, dont un grand nombre marchaient au pas. Depuis lors, les curieux et les commerçants de tous les pays ont été joindre le témoignage de leur satisfaction à celui des cantons suisses.

Fribourg, p 37

La dépense totale ne s'est élevée qu'à environ 600,000 francs.

La distance des faces intérieures des portes élevées sur les deux rives, ou, en d'autres termes, la longueur totale du pont est de 817 pieds et demi. Tout le monde concevra qu'on ait hésité à franchir une pareille distance d'un seul jet, et que la pensée de soutenir le pont par son milieu se soit d'abord présentée à l'esprit de M. Challey. Néanmoins, la difficulté d'établir solidement une pile de près de 200 pieds de hauteur, au fond d'une vallée d'alluvion, fit bientôt renoncer à la division projetée. Le pont n'a donc qu'une seule travée, une travée de plus de 265 mètres!

Le plancher est supendu par des moyens connus aujourd'hui de tout le monde, à quatre câbles en fil de fer qui passent sur la partie supérieure des deux portes. Chacun de ces câbles se compose de 1,200 fils d'environ 3 millimètres de diamètre, et de 347 mètres et demi de longueur. Comme de telles masses auraient été difficiles à manœuvrer et à tendre, on a placé séparément les éléments dont elles se composent. Leur réunion s'est opérée en l'air, par des ouvriers qui travaillaient suspendus, et, hâtons-nous de le dire, sans qu'il soit jamais arrivé le moindre accident. On a calculé que les quatre câbles réunis pourraient porter bien près de 3,000,000 de kilogrammes (60,000 quintaux anciens).

Les quatre câbles trouvent leurs points d'attache, sur l'une et l'autre rive, au fond de quatre puits creusés dans la colline; dans chacun de ces puits, ils traversent une cheminée cylindrique verticale qui unit trois voûtes massives superposées, encastrées elles-mêmes avec un soin infini dans les rochers environnants; c'est plus bas qu'ils s'amarrent enfin à des blocs de pierre très-dure de deux mètres cubes. Les câbles ne pourraient donc céder qu'en entraînant les poids de ces énormes bâtisses, fortifiées d'ailleurs de toute leur adhérence avec les rochers.

ALLEMAGNE.

—

VIENNE.

CAPITALE DE L'EMPIRE D'AUTRICHE.

Le palais de Schœnbrunn.

Vienne, en allemand *Wien*, porte le nom d'une petite rivière qui la traverse et s'y jette dans le Danube. Capitale de l'Autriche, cette ville est la plus considérable de l'Allemagne ; on n'y compte pas moins de trois cent trente-et-un mille habitants. Elle s'élève sur les bords du Danube , au centre d'un magnifique bassin à perte de vue du côté du nord , où l'œil suit à peine les sinuosités du fleuve, dont le cours est divisé par des îles verdoyantes. Des villages et des maisons de campagne s'étendent sur les flancs des montagnes qui dominent sa rive droite. La capitale de l'empire d'Autriche est de la même superficie que Paris. On y compte trente-quatre faubourgs ; ils ne doivent leur étendue qu'aux jardins et aux champs cultivés qu'ils renferment, et qui, sur quelques points, cèdent la place à d'élégantes habitations : on évalue à plus de six à sept cents le nombre de celles qui s'y sont élevées depuis 1826. A peu près au centre du terrain qu'elle occupe, s'élève la véritable ville, communiquant par douze portes avec les faubourgs, et entourée de fossés et de remparts qui, depuis longtemps, sont couverts de promenades embellies par d'élégants cafés, et ornés de deux jardins dont l'un est ouvert au public, et l'autre est réservé à la cour. Autant la cité, avec ses rues irrégulières et tortueuses, porte un caractère d'ancienneté, autant ses faubourgs, entre autres le *Leopoldstadt* et l'*Iagerzeile*, situés dans une île du Danube, sont remarquables par leurs places, leurs grandes et belles rues et la beauté des édifices publics et particuliers. Les monuments les plus remarquables sont *Schweizerhof* ou le palais impérial, édifice plus remarquable par les riches collections scientifiques qu'il renferme que par son architecture et les appartements de l'empereur ; l'église des Augustins, où l'on admire un chef-d'œuvre de Canova, le mausolée de l'archiduchesse Christine ; la cathédrale, monument gothique du quatorzième siècle, dont la tour, élevée de quatre

cent vingt-huit pieds, supporte une cloche du poids de trois cent cinquante-quatre quintaux, faite avec les canons enlevés aux Turcs après leur défaite sous les murs de Vienne. Ses principales places publiques sont le *Hof*, que décore une statue colossale de la sainte Vierge ; le *Burgplatz*, où s'élève le palais impérial ; le *Josephsplatz*, décoré d'une statue équestre en bronze de Joseph II ; le *Graben* et le *Neumarkt*, qu'embellissent des fontaines d'un style remarquable ; le *Burgthor* est la plus belle porte de Vienne ; le *Prater*, sa plus belle promenade. Vienne renferme de riches bibliothèques, de beaux établissements d'instruction et de bienfaisance, entre autres un hôpital qui renferme trois mille lits. Son activité industrielle est prodigieuse : elle emploie soixante mille ouvriers ; ses manufactures fournissent le chargement de plus de six mille bateaux, et deux cent mille voitures. La bibliothèque impériale est riche de trois cent mille volumes, de seize mille manuscrits et de six mille exemplaires des premiers essais de l'imprimerie. Le palais du Belvédère renferme un musée composé de plus de deux mille cinq cents tableaux, parmi lesquels se trouvent plusieurs chefs-d'œuvre. L'institut polytechnique est une école où l'on enseigne tout ce qui a rapport aux arts, au commerce et à l'industrie. L'université compte quarante-quatre professeurs et quatre mille élèves, qui se livrent aux études de la médecine, de la chimie, de la physique et des sciences naturelles. Le conservatoire impérial possède des maîtres de musique distingués et cent soixante-quinze élèves des deux sexes. Enfin, Vienne a cinq grands colléges et un très grand nombre d'écoles gratuites. C'est la patrie du poète Henri de Collin, et de l'historien Schrockh. Elle était connue dans l'antiquité sous le nom de *Castra Fabiana* ou *Faviana*, et plus tard sous celui de *Vindobona*. Marc-Aurèle y termina ses jours.

Les arsenaux de Vienne contiennent une riche collection de machines de guerre anciennes et modernes. On voit dans le grand arsenal quatre énormes pièces de canon turques, monuments des victoires du prince Eugène ; l'une d'elles, portant la date de 1516, fut prise à Belgrade en 1717 ; elle pèse cent soixante-dix-neuf quintaux, et peut lancer un boulet de cent vingt-quatre livres ; une autre, fondue en 1560, pèse cent dix-sept quintaux, et peut recevoir un boulet de soixante. On voit auprès deux machines en bois, dont l'une lance un boulet de pierre de quatre cents livres et plus, et l'autre un boulet de deux cent cinquante. Il y a aussi un mortier de fer d'un calibre énorme, entouré de cercles de fer qui ont chacun deux pouces d'épaisseur, et un autre mortier de bronze, plus grand, sur lequel ces mots sont gravés : *Sigismond , archiduc d'Au-triche*, 1404. Les murs extérieurs de l'édifice sont entourés d'une chaîne qui a douze cents pieds de longueur, et dont cha-que chaînon pèse vingt-quatre livres. Ce n'est qu'un fragment d'une chaîne que les Turcs avaient jetée sur le Danube, près de Bade en Hongrie, pour empêcher les chaloupes canonnières des Autrichiens d'en approcher. Parmi les restes d'armures antiques, est le bonnet de velours rouge de Godefroi de Bouil-lon, et le gilet de peau de buffle de Gustave-Adolphe, roi de Suède, percé au côté droit par la balle qui termina l'existence de ce prince à la bataille de Lutzen, en Saxe, en 1632.

Lorsqu'on sort de la capitale de la monarchie autrichienne par le faubourg de Mariahilf et qu'on se dirige vers la vallée que forme la petite rivière la Vienne, dont la ville des mo-dernes Césars a reçu le nom, rien n'annonce d'abord qu'on approche du palais favori d'un empereur puissant. Mais peu à peu la campagne et les villages prennent cet air de fête et de prospérité qu'en Allemagne surtout les demeures royales ré-pandent autour d'elles, et bientôt une longue avenue attire les regards vers le château de Schœnbrunn, qui s'élève au fond de la vallée.

Schœnbrunn n'était encore, au milieu du dix-septième siè-cle, qu'un lieu de halte et de repos, servant aux rendez-vous de chasse des princes de la famille impériale ; mais quelques empereurs l'ayant pris dans la suite en faveur, y firent faire de vastes plantations, et le parc était déjà devenu en 1683 assez remarquable pour mériter d'être ravagé par les Turcs à leur première apparition sous les murs de Vienne. L'empereur Léo-pold Ier, après avoir réparé les dévastations commises par les barbares, choisit Schœnbrunn pour y faire bâtir un palais qu'il destinait à son fils l'archiduc Joseph. Commencé en 1690, sur les plans de l'habile architecte Fischer, et construit sous sa direction , le château de Schœnbrunn fut achevé en 1700, et inauguré par des fêtes splendides et par de brillants tournois. Devenu empereur en 1705, à la mort de son père, Joseph Ier, dont les quatre cent quinze chambellans qu'il entretenait à sa cour, comme roi des Romains et comme empereur d'Alle-magne, indiquent assez les goûts fastueux, fit exécuter quel-ques travaux à son château de Schœnbrunn ; mais ce fut sur-tout sous l'impératrice-reine Marie-Thérèse que le noble palais impérial s'agrandit et s'embellit. Marie-Thérèse le préférait à toute autre maison de plaisance; elle l'adopta même presque exclusivement pour sa résidence d'été. Le vieux château de-vint le principal corps de bâtiment du palais nouveau, qui n'a subi depuis lors que de légères modifications. Etant ainsi le ré-

Schœnbrun, p. 41.

sultat de deux pensées et de deux époques, l'édifice ne pouvait manquer de présenter des différences dans le style et des irrégularités de détail ; mais ces défauts partiels ne nuisent point à l'effet général de l'ensemble et n'altèrent point le caractère grandiose de sa masse imposante et majestueuse. On a appelé Schœnbrunn le Versailles de Marie-Thérèse.

L'intérieur du château de Schœnbrunn est riche sans magnificence, élégant sans recherche. Des tapis, des porcelaines de Chine, des glaces, des lustres, beaux produits des célèbres manufactures de la Bohême, sont les principales décorations des appartements, dont les proportions d'ailleurs et la distribution n'ont rien que d'assez vulgaire. Les peintures, médiocres de composition et d'exécution, représentant le mariage de l'empereur Joseph II avec la princesse de Parme, des tournois et des distributions faites par Marie-Thérèse de son ordre de Saint-Étienne, offrent quelque intérêt en ce que les figures sont presque toutes des portraits de personnages historiques. Entre les rares morceaux de sculpture qui ornent l'intérieur de Schœnbrunn, on ne remarque guère que les bustes en albâtre de l'empereur François Ier, dont Marie-Thérèse, sa veuve, porta le deuil pendant quinze ans ; et de l'étrange Joseph II, que Frédéric de Prusse nommait *mon frère le sacristain.* Une belle cheminée d'albâtre, offerte à Joseph II par le pape Pie IV, en rappelant le séjour du souverain pontife à Schœnbrunn, rappelle aussi que l'empereur, en dépit de son surnom de sacristain, ne se montra que peu reconnaissant du si rare honneur d'une pareille visite.

Le palais de Schœnbrunn est placé entre cour et jardin. La cour, assez simple, est seulement décorée de groupes représentant le Danube, l'Inn et l'Enns, fleuves qui fertilisent l'Autriche, et de deux fontaines en obélisques ; mais le jardin, un des plus riches de l'Europe, est le titre populaire de Schœnbrunn à la célébrité. Comme le goût de la botanique se transmet, pour ainsi dire, héréditairement dans la famille impériale, le parc de Schœnbrunn a été, plus encore que le château lui-même, l'objet d'une constante sollicitude. Marie-Thérèse le recommanda particulièrement à Paccasi, et l'architecte jardinier le distribua avec goût et élégance. Ce parc s'embellit et s'enrichit encore par les soins des successeurs de la grande impératrice, et il est enfin devenu, entre les mains de l'empereur aujourd'hui régnant, une des merveilles autrichiennes les plus justement signalées à l'admiration des visiteurs. L'accroissement qu'a reçu le jardin, sa structure hollandaise, les conquêtes qu'il a faites sur les végétations étrangères, les magnifiques serres dont il est pourvu, tout est dû à l'empereur

François, qui maniait lui-même la serpette et la bêche. « En entrant, dit un voyageur, dans ces serres les plus vastes qui existent, on pourrait facilement se croire transporté au milieu des forêts de l'Amérique, tant la végétation y est belle et imposante. L'illusion est d'autant plus complète qu'au milieu des bambous, des palmiers, des cannes à sucre, volent les oiseaux des tropiques qui peuvent aussi croire, en se voyant entourés des arbres où ils s'étaient mille fois reposés, n'avoir point quitté la terre natale. »

Indépendamment de ces serres, le jardin possède encore une belle ménagerie, une pièce d'eau décorée des images de Neptune et de Thétis qu'entourent leurs courtisans, tritons, néréides, chevaux et monstres marins ; de nombreuses statues disposées en groupes ou isolées, un arc de triomphe dégradé, pompeusement appelé la *Ruine*; un obélisque, dit égyptien, posé sur quatre tortues dorées, surchargé d'hiéroglyphes et surmonté d'un aigle aux ailes étendues, et enfin, sur une hauteur, un pavillon, nommé la *Gloriette*. Ce petit nom, d'une légèreté toute française, contraste singulièrement avec les proportions lourdes, massives et sans grâces du monument qui le porte. Mais l'immense panorama qu'embrassent les regards du haut de ce belvédère est d'une magnificence sans égale. Après s'être promené sur Vienne et sur ses édifices multipliés, sur les îles du Danube et sur les plantations vigoureuses qui couvrent ses bords, l'œil s'égare dans les vastes plaines de la Hongrie et s'arrête au loin sur des montagnes dont les cimes peu à peu grandissantes forment le cadre du tableau.

D'imposants souvenirs se rattachent au palais de Schœnbrunn. Comme Louis XIV dans Versailles, Marie-Thérèse y jette encore tout l'éclat de son grand nom. Ce n'est pas sans émotion et sans respect que l'on pénètre dans le cabinet de verdure dont elle avait fait son cabinet de travail, et que l'on contemple le banc où, assise avec son confident le prince Kaunitz, elle mettait en balance les intérêts de l'Europe. Un autre nom évoqué dans Schœnbrunn frappe aussi puissamment l'imagination. Deux fois (en 1805 et en 1809) un soldat de fortune, fait empereur des Français par la victoire, parut et commanda un moment en maître dans le palais des empereurs d'Allemagne. Ce fut dans Schœnbrunn que Napoléon vit Marie-Louise pour la première fois.

Prague, p. 44

PRAGUE.

CAPITALE DE BOHÊME.

Le site de Prague, que l'on a comparé à celui de Lyon, réunit tous les éléments naturels de beauté qui contribuent à rendre l'aspect d'une ville agréable et imposant. Les murailles renferment dans leur enceinte une montagne aux pentes brusques et hardies, et une admirable vallée, au milieu de laquelle coule majestueusement un beau fleuve, la Moldau, dont les ondes limpides sont à chaque pas détournées et arrêtées dans leur cours par des groupes d'îles verdoyantes. De riches palais, de nombreux édifices publics, variés dans leur physionomie d'après leurs différents âges d'architecture, des massifs de maisons pressées, de vastes places, des parcs, des jardins disséminés sur les flancs de la montagne et sur les rives du fleuve, forment une grande cité de plus de trois lieues d'étendue. Elle se divise en quatre quartiers bien distincts, dont chacun a un nom et un caractère particuliers : la Nouvelle-Ville, la Vieille-Ville, le Petit-Côté et le Hradschin, qui couronne la montagne sur la rive gauche de la Moldau. Prague, vue dans son ensemble, est pleine d'une originalité pittoresque, et contemplée du haut du Hradschin, la ville, que vivifient ses ondes argentées, déroule sous les yeux un magnifique panorama; mais, considérés dans leurs détails, les édifices publics, les palais seigneuriaux, dont les formes italiennes contrastent désagréablement avec le ciel sombre et gris de la Bohême, n'ont rien, non plus que les maisons bourgeoises, qui doive arrêter longtemps l'attention. Quelques monuments cependant méritent une mention particulière : ce sont le Hradschin, antique palais qu'habitaient les rois de Bohême, et auquel sa masse énorme, bien que grossièrement taillée et disposée sans ordre, donne un grand caractère de force et de majesté; la cathédrale, édifice non achevé, dont quelques parties offrent un beau modèle du style gothique; l'hôtel-de-ville, que recommande son ancienneté, et enfin le pont si renommé qui joint l'une à l'autre les deux rives de la Moldau.

Long de 1,700 pieds sur 35 de largeur, ce pont est orné de chaque côté de hautes statues représentant de saints personnages. Il est d'ailleurs consacré par le martyre de saint Jean Népomucène, l'un des patrons de Prague. Népomucène, que ses vertus et sa piété mettaient en grande considération, était le directeur de la femme du roi Wenceslas. Ce prince l'ayant sommé de lui révéler les secrets de la confession, Népomucène refusa de trahir les devoirs de son ministère. Wenceslas, irrité, le fit jeter en prison, puis appliquer à la torture ; mais comme il ne pouvait vaincre la résistance du confesseur, il ordonna de le précipiter, pieds et poings liés, du haut du pont dans la Moldau (1383). Le peuple retira des eaux le corps du martyr et le porta dans la cathédrale, où il repose encore aujourd'hui sous un magnifique mausolée, tout auprès du tombeau qui renferme les cendres de Wenceslas.

Si Prague, avec son vieil et gigantesque palais du Hradschin, avec ses débris du château de Libussa, avec ses gothiques murailles de guerre, avec sa citadelle du Wischerad, qui garde la ville au sud, avec ses nombreuses églises, ses demeures du moyen-âge, que caractérise l'écusson féodal frappé à la porte, s'annonce comme une de ces villes historiques que les curieux aiment à étudier, parce qu'elles semblent raconter des événements, cette attente est largement satisfaite lorsqu'on interroge ses annales. Habitée par les rois de Bohême et par les empereurs d'Allemagne, elle a vu se déployer toutes les pompes humaines dans leur plus grande magnificence, et se dénouer ces drames lugubres dont les vieilles cours allemandes étaient sans cesse le théâtre. Capitale de la contrée où sévirent avec leur plus ardente fureur les guerres religieuses qui désolèrent l'Allemagne, un siècle avant la révolution luthérienne, elle fut le foyer de l'incendie qu'allumèrent Jean Huss et Jérôme de Prague, ou plutôt des persécutions cruelles dirigées contre les partisans de ces deux réformateurs, martyrs de leur foi. Les catholiques et les hussites, qui se faisaient une guerre d'extermination, ravagèrent Prague tour à tour, et la cathédrale porte encore les traces des dévastations commises par le fameux Ziska. Les querelles qui s'engagèrent plus tard entre les catholiques et les protestants ne furent pas moins funestes à la ville et à ses habitants. — Après les guerres religieuses, les guerres politiques vinrent illustrer aussi les annales de Prague. Souvent le Hradschin entendit gronder le canon ennemi, et les boulets du grand Frédéric roulèrent dans ses cours. Les Français surtout ont attaché au nom de Prague de beaux souvenirs militaires. La prise d'assaut de la capitale de la Bohême par le brave Chevert (1741), sous les ordres du comte de Saxe, fut un trait d'armes qui retentit dans toute l'Europe. Le coup de main s'accomplit pendant la nuit. « Tu monteras par là, dit Chevert à un sergent de grenadiers qui s'était présenté lorsque ce général, au moment de l'assaut, avait demandé *un brave à trois poils* pour une mission périlleuse ; on te criera : Qui vive ? tu ne répondras pas ; on te criera une seconde fois, tu ne répondras pas davantage ; une troisième, tu resteras muet, en avançant toujours. On tirera sur toi, on te manquera ; toi, tu ne manqueras pas la sentinelle : nous te suivrons à la file, et nous serons maîtres de la ville. » La prédiction s'accomplit de point en point. Tout fut admirable dans cette expédition des Français ; pas une goutte de sang ne fut versée, aucun désordre n'eut lieu dans la ville, enlevée par un assaut de nuit. La faible troupe qui s'empara de Prague s'y maintint longtemps avec une habileté, une valeur, une résolution extraordinaires ; puis, quand il fallut enfin abandonner la conquête, le maréchal de Belle-Isle opéra une retraite qui effaça la retraite tant vantée de Xénophon.

A ces titres de renommée que nous venons d'indiquer se joint encore, dans l'histoire de Prague, une illustration d'une autre nature, mais non moins glorieuse. Prague fut longtemps une des capitales de l'Europe littéraire, et son université, fondée vers le milieu du quatorzième siècle par l'empereur Charles IV, comptait encore plus de 8,000 élèves dans le dernier siècle. Depuis cette époque, plusieurs villes d'Allemagne, entrées peu à peu en rivalité avec elle, ont partagé sa célébrité, et d'autres foyers de lumières brillent maintenant d'un éclat non moins vif que le sien. Heureusement, tandis qu'elle perdait d'un côté, Prague gagnait de l'autre : devenue aujourd'hui un des principaux centres du mouvement commercial et industriel de l'Allemagne, elle fait de rapides progrès dans cette voie, et sa population, qui croît d'année en année, a déjà dépassé 100,000 âmes. Ainsi, Prague a toujours eu d'éclatantes destinées dans toutes les phases de la civilisation moderne : au temps des agitations féodales, au siècle des révolutions religieuses, à l'époque des grands mouvements intellectuels, au moment des guerres politiques qui tendaient à établir les bases de l'équilibre européen, Prague a toujours été ville capitale ; elle l'est encore maintenant que les intérêts positifs sont la pensée, la tendance générale des esprits.

Le dernier événement européen, la révolution française de 1830, a encore contribué accidentellement à appeler l'attention sur Prague. Le vieux palais du Hradschin fut l'une des dernières résidences de Charles X et de sa famille.

KARLSBAD.

BOHÊME.

Karlsbad est une ville de peu d'importance par sa population, qui n'est que de 6,000 âmes ; mais elle est renommée pour ses bains d'eau chaude, où l'on peut faire cuire des œufs et même de la viande. Ils furent découverts par un petit chien qui, en chassant, s'y brûla les pattes, en 1370, sous le règne de Charles IV, dont on lui donna le nom. Cette ville n'exerce pas d'autre industrie que sa productive hospitalité envers les étrangers qui viennent prendre ses eaux. Sa situation entre des montagnes qui l'abritent des vents et au confluent de la Toppel avec l'Eger, est des plus pittoresques. En 1604, Karlsbad fut presque entièrement détruit par un incendie. Depuis il s'est relevé de ses ruines et s'est singulièrement embelli.

WIESBADEN,

ET SES ENVIRONS.

Wiesbaden, célèbre par ses eaux minérales, et qui tous les ans y attirent un grand nombre d'étrangers, est une des villes d'Allemagne les plus connues. Elle fut fondée, un siècle avant l'ère chrétienne, par les Ubiens, petit peuple de la Germanie, qui en firent leur capitale. Il est probable que les sources chaudes de Wiesbaden étaient déjà connues des Romains lors de leurs premières guerres sur les bords du Rhin ; Pline en parle dans son livre sur l'histoire naturelle, écrit quatre-vingts ans après Jésus-Christ : « L'eau, dit-il, est encore chaude trois jours après qu'on l'a tirée de la source. »

Les princes du duché de Nassau, dont Wiesbaden est la capitale, faisaient leur résidence dans le château qui porte le même nom ; il s'élève au sommet d'une montagne, située sur la rive gauche de la Lahn, à quatre lieues de l'endroit où cette rivière se jette dans le Rhin. On voit à Wiesbaden un

Carlsbad. p. 47.

assez grand nombre d'antiquités romaines ; les plus remarquables sont un mur de quinze à vingt pieds de haut, qui autrefois servait d'enceinte à la ville, et plusieurs bains parfaitement conservés. Ces bains ont quatre-vingt-dix pieds de long,
sur dix de large et cinq de profondeur ; ils sont en pierres de
taille, avec le fond du bassin en briques carrées, dont plusieurs portent les initiales de la vingt-deuxième légion romaine.
On a aussi découvert dans les environs de la ville, et on y
découvre encore presque tous les ans un grand nombre de
tombeaux, d'inscriptions, etc.

A une demi-lieue de Wiesbaden, sur des collines boisées,
est un endroit où reposent, dit-on, les ossements des Ubiens
et des Mattiaques : « Sepulcrum cespes erigit (Tacite). » Derrière ce cimetière s'élève le Néroberg, ou montagne de Néron,
sur les flancs de laquelle on voit encore des ruines d'un palais
romain. D'après la tradition, un vaste parc s'étendait sur cette
montagne, et comprenait dans son enceinte la forêt qui couvre
le Taunus. Presque tous les sommets du Taunus sont cou-
ronnés par des masses de pierres, débris des fortifications
élevées par les plus anciens peuples de la Germanie pour se
défendre contre les attaques des Romains.

C'est au duc Frédéric-Auguste que Wiesbaden doit ses
premiers embellissements. Le Kursaal, commencé en 1808,
est l'édifice le plus remarquable de la ville ; on y voit une
salle qui peut rivaliser avec les plus belles salles de Paris et
de Londres. Le théâtre, construit sur la place où se trouve
le Kursaal, ne le cède à aucune autre construction de ce
genre.

Il y a vingt ans, la source principale de Wiesbaden était
entourée d'une muraille ; aujourd'hui elle jaillit en liberté au
milieu d'une promenade délicieuse, rendez-vous général de
tous les étrangers qui viennent passer dans cette ville la saison des eaux.

Il y a à Wiesbaden quatre sources principales et onze
sources secondaires qui fournissent de l'eau à tous les hôtels
de bains. La plus abondante est celle appelée le Kurbrunnen :
elle monte à cent cinquante et un degrés Fahrenheit ; celle de
l'Adler monte à cent quarante, et celle de Schützenhoh à
cent dix-sept. Les éléments principaux des eaux de Wiesbaden sont le carbonate de chaux, la magnésie, le muriate
de natron, l'hydrochlorate de chaux et de magnésie, le sulfate
de natron, un peu d'alumine, et un peu de fer dissous dans
le carbonate de natron. Il faut trente-six heures pour que l'eau
exposée à l'air se refroidisse. Les médecins recommandent les
eaux de Wiesbaden aux personnes atteintes de rhumatismes

chroniques, de goutte, de paralysie des membres, de maladies métastatiques provenant de causes rhumatismales, psoriques ou herpétiques; elles ont surtout beaucoup de vertu contre les abcès et les maladies cutanées.

A une demi-lieue de la ville, sont les ruines du château de Sonnenberg (montagne du Soleil), qui s'élèvent majestueusement sur un rocher de schiste calcaire, et dominent le joli village du même nom. On dit que, dans les anciens temps, il y avait sur ce rocher un temple consacré au soleil. Quoi qu'il en soit, il est certain que le château, dont on voit les ruines, fut construit vers la fin du douzième siècle; plus tard il servit d'habitation aux comtes de Nassau, et l'empereur Adolphe l'agrandit et le fortifia. Il fut dévasté pendant les guerres que le pays eut à soutenir au treizième siècle contre les Suédois, et vers la fin du dix-septième siècle contre la France.

Biebrich, résidence du duc de Nassau actuel, se trouve à une lieue de Wiesbaden. Le château, qui s'élève sur la rive droite du Rhin, est construit dans le style moderne et à la française; il présente un magnifique coup d'œil.

Le parc rivalise avec ce qu'il y a de mieux dans ce genre; c'est une promenade délicieusement variée. On y remarque surtout un petit château, imitant l'architecture du moyen âge, et bâti au milieu d'un lac, dans un endroit tout-à-fait romantique.

Ulm, p. 50.

Inspruck, p. 50.

ULM.

SOUABE.

Ulm fut autrefois une ville libre et impériale, et la capitale des Etats de l'électeur de Bavière en Souabe. Elle est située sur la rive gauche du Danube, à l'endroit où ce fleuve reçoit le Lauter et l'Iller. Son nom vient d'*Ulmus* (ormeau), parce que dans le lieu où cette ville fut construite il y avait une grande quantité d'ormeaux. Ulm n'était qu'une faible bourgade au temps de Charlemagne. L'empereur Lothaire II la ruina ; elle fut ensuite rebâtie, agrandie et entourée de murailles vers l'an 1300. Frédéric III mit Ulm au rang des villes impériales. Le duc de Bavière surprit cette place en 1702, elle recouvra sa liberté deux ans après. Bientôt ses fortifications reçurent de grands développements ; les Français les firent démolir en partie en 1801, lorsqu'elle leur fut cédée pour gage de la paix, après leur victoire de Hohenlinden. En octobre 1805, le général Mack y capitula avec trente-six mille Autrichiens. L'église cathédrale d'Ulm passe pour un chef-d'œuvre, c'est une des plus grandes de l'Allemagne. La population d'Ulm, qui est aujourd'hui comprise dans le cercle du Danube, n'excède pas douze mille âmes.

INSPRUCK.

TYROL.

Innsbruck, que nous prononçons Inspruck, est bâtie sur l'Inn. au milieu d'une vallée formée par des montagnes de six à huit mille pieds de hauteur ; elle est capitale du comté de ce nom. Comme toutes les vieilles villes, elle est assez mal bâtie ; ses faubourgs étant modernes, sont d'un aspect assez agréable. On y remarque l'hôtel-de-ville, l'église de la cour, et le palais du gouvernement, décoré de la statue équestre de Léopold V. L'église des Récollets renferme le beau mausolée de Maximilien Ier. Cette ville possède une université et une belle bibliothèque ; on y voit le globe de Pierre Anich, qui, de pâtre tyrolien, devint un habile géographe. On pense qu'elle a été fondée sur l'emplacement de la cité romaine de *Veldidena;* des fouilles qu'on a faites ont produit un grand nombre de médailles. Inspruck possède un château impérial, quelques beaux monuments et une université fondée en 1677. Sa population est de douze mille âmes.

Inspruck est célèbre dans les fastes militaires de la France par la découverte qu'y fit, en 1805, le 10e régiment de ligne, du drapeau que lui avaient jadis enlevé les ennemis. Deux peuples, pour ainsi dire, se partagent le Tyrol : l'un habite la partie nord qui tient à l'Allemagne, l'autre la partie sud qui se fond avec l'Italie.

Les Tyroliens italiens ont les mêmes talents et la même industrie que leurs compatriotes du nord, mais ils n'ont ni la même pureté de mœurs, ni la même loyauté. Un climat plus doux, plus d'abondance, plus de richesse, et, par-dessus tout, le voisinage de la molle Italie, ont altéré leurs mœurs et leur caractère. C'est un spectacle intéressant que de voir les montagnards tyroliens, qui, pendant l'hiver, se sont concentrés dans leurs habitations de la plaine, remonter en caravanes sur les Alpes, quand vient le printemps. Alors tout se met en mouvement; femmes, vieillards, troupeaux regagnent les pâturages élevés où se recueillera le laitage, où se prépareront les provisions de beurre et de fromage, leurs principales richesses. Au mugissement des troupeaux se joignent les chants gais et harmonieux et les sons agrestes des flûtes des pâtres. Le Tyrolien ne serait pas habituellement porté à la joie, qu'il le deviendrait à l'époque de ces migrations. Quand finit l'automne, c'est une autre fête ; on revient au foyer, on se revoit après une longue absence ; le récit des aventures, le partage des profits, les cadeaux apportés de loin, les projets pour la campagne prochaine, que de sujets de curiosité et de vif intérêt ! Ainsi se diversifie sans cesse la vie du Tyrolien, grâce à cette perpétuelle fluctuation qui suit le cours des saisons.

Les Tyroliens ont en général beaucoup de piété. Ces grandes images qu'offre une nature sévère, cette vie contemplative des bergers sont éminemment favorables aux méditations religieuses, et même il se glisse quelque peu de superstition dans leurs croyances. Parmi ces bergers qui ont quelque connaissance des propriétés des plantes et du cours des astres, il en est plus d'un qui, parmi ses innocents compatriotes, passe pour sorcier. Mais ces sorciers n'abusent pas de la haute opinion qu'ils ont, souvent sans le vouloir, donnée d'eux à tout le canton, et il est fort rare qu'on entende parler de pratiques cabalistiques et de sortilége.

Munich. p. 52.

MUNICH.

Munich (*Monachium*), située sur l'Iser, dont un bras la traverse, est la capitale du royaume de Bavière. Elle s'annonce de loin comme une grande cité ; en effet, sa population est de quatre-vingt-quinze mille âmes, et elle est une des plus belles villes allemandes, bien qu'elle manque de régularité. Ce qui contribue à l'embellir, ce sont ses places publiques, telles que celle de *Maximilien*, celle de *Max-Joseph* et la place d'*Armes* ; plusieurs palais, celui des Etats généraux, le ministère de l'intérieur, l'hôtel-de-ville, la nouvelle Monnaie, les deux principaux théâtres, l'académie des sciences, et surtout le palais royal, moins remarquable encore par son immense étendue et la magnificence de la décoration intérieure que par les galeries de tableaux et d'objets précieux qu'il renferme. La ville possède encore plusieurs autres collections, un musée royal de peinture appelé la *Pinacothèque*, le musée de sculpture ou la *Glyptothèque*, une bibliothèque royale de plus de quatre cent mille volumes, un riche cabinet de médailles, un musée brésilien, un bel observatoire, un jardin botanique bien tenu, deux académies royales, celle des sciences et celle des arts ; des bibliothèques ; une importante université, établie autrefois à Landshut ; des établissements scientifiques de toute espèce ; de nombreuses écoles pour les enfants de toutes les classes ; des hôpitaux et des maisons de refuge pour le soulagement de l'humanité souffrante et la répression de la mendicité. La plus grande partie de la population de Munich ne subsiste que des dépenses de la cour et des emplois du gouvernement. Les fabriques y sont peu importantes, si l'on en excepte quelques brasseries et une manufacture de tapisseries de haute lisse. Quant au commerce, le seul qui ait de l'activité est celui d'expéditions. A une lieue de la ville, le roi possède le château de *Nymphenbourg*, dont on admire le parc et les belles eaux. *Schleissheim*, qui renferme plus de mille cinq cents tableaux et qui possède une importante école d'économie rurale, est regardé comme une des plus magnifiques résidences royales de l'Allemagne. *Bilderstein* possède aussi de beaux jardins, et *Tegernsee*, où le roi passe une partie de l'été, est agréablement situé sur le lac Tegern.

WURTZBOURG.

L'antique et pittoresque cité de Wurtzbourg est considérée, à juste titre, comme l'une des villes les plus riches et les plus importantes de la Bavière ; de riches coteaux environnent la charmante vallée au milieu de laquelle elle est située, et le Mein, qui la divise en deux parties, contribue à la fois à son embellissement et à sa prospérité. Un pont de 450 pieds est jeté sur le fleuve, vers le milieu de la ville, dont la partie située sur la rive droite est appelée l'Ancien-Wurtzbourg ; la partie bâtie sur la rive gauche se nomme quartier du Mein.

Le fleuve, très-large à cet endroit, est constamment couvert de bateaux, et offre l'aspect le plus animé. La ville est riante ; tout y respire l'abondance et la prospérité, en dépit des hautes murailles et du large et profond fossé qui l'entourent. Les maisons y sont presque toutes construites en bois, d'une manière fort peu régulière ; mais cette irrégularité même a quelque chose d'agréable qui fait ressortir la beauté des principaux monuments, parmi lesquels on remarque le château royal, dont l'architecture et les peintures à fresque sont admirables.

C'est sur la rive gauche du Mein, au sommet d'un rocher, qu'est situé le château de Marienberg, qui sert de citadelle à la ville de Wurtzbourg. Le rocher qui porte cette forteresse n'a pas moins de quatre cents pieds de haut. Rien n'est plus imposant que l'aspect de ce château fort, dont l'origine remonte à la plus haute antiquité, et au milieu duquel on conserve religieusement les ruines d'un temple de la déesse Frega, qui était la Vénus des Scandinaves.

Les établissements d'utilité publique sont nombreux à Wurtzbourg. On n'y compte pas moins de trente-trois églises. La cathédrale est fort belle, et renferme plusieurs monuments remarquables, au nombre desquels est la chaire, morceau d'un travail admirable et parfaitement conservé. Le nombre des hôpitaux est de douze, indépendamment de l'établissement appelé l'hôpital de Julius, qui renferme une collection de préparations anatomiques, parmi lesquelles se trouvent un certain nombre de crânes humains percés de balles qui ont été recueillis sur le terrain où fut livrée,

Vurtzbourg. p 53

en 1796, la bataille de Wurtzbourg. De nombreuses écoles sont ouvertes dans tous les quartiers de la ville. Enfin, cette belle et célèbre cité est le siège d'une université fondée au commencement du xve siècle, laquelle ne compte pas moins de sept cents élèves, et jouit d'une réputation que n'a cessé de lui mériter l'éminent savoir de ses professeurs.

C'est à Wurtzbourg que fut signé le traité d'alliance entre l'empereur Napoléon et l'électeur Maximilien. Profitant de la disposition où la révolution francaise avait mis les esprits, le prince Maximilien avait tenté de dépouiller à son profit la puissance ecclésiastique; il commença par faire détruire une foule d'ermitages, de chapelles situés dans des endroits déserts, sous le prétexte assez plausible, d'ailleurs, que la plupart de ces retraites servaient d'asyle aux malfaiteurs; il s'en prit ensuite aux couvents, dont il diminua le nombre, et il finit par s'emparer et réunir à son domaine les biens du clergé et ceux des ordres mendiants. Les Bavarois voulurent résister; l'électeur eut alors recours à la force, et fit occuper militairement les villages dans lesquels s'étaient manifestés quelques symptômes d'insurrection. La noblesse commença à s'agiter; les États, composés d'évêques et de nobles, firent à l'électeur d'assez vives représentations; le prince leur répondit qu'il ne dévierait point de la ligne de conduite qu'il s'était tracée. L'Autriche alors menaça l'électeur; mais la France le soutint; les soldats bavarois et ceux de Napoléon marchèrent contre l'ennemi commun qui fut battu, et l'électeur prit le titre de roi de Bavière, et réunit à ses états la ville de Wurtzbourg et son territoire, qui formaient le grand-duché de Wurtzbourg, réunion qui fut depuis confirmée par les traités de 1814 et 1815.

La perte du titre de capitale n'eut aucune fâcheuse influence sur la prospérité de Wurtzbourg, qui ne cessa de s'accroître, et dont la richesse du territoire est la principale source; les vignobles qui l'environnent, renommés depuis des siècles, sont aujourd'hui plus en honneur que jamais, et les vins qu'ils produisent, tels que le *Hein*, le *Leiste*, le *Saint-Esprit*, n'ont pas cessé de tenir le premier rang dans l'estime des gourmets.

NUREMBERG.

Nuremberg, ville de la Franconie, est assise sur les deux rives
du Pugnitz, au milieu d'une plaine de sable qu'a fécondé la
culture. Elle était déjà ville capitale lorsqu'elle reçut le christianisme au siècle de Charlemagne, qui convertit l'Allemagne
l'épée à la main. Soumise immédiatement à l'empire par
l'empereur Louis III, au commencement du dixième siècle, possédée tour à tour par les empereurs d'Allemagne, par les
ducs de Suabe, par des burgraves de Nuremberg, ducs de Franconie et fondateurs de la maison de Brandebourg, et enfin par
ses habitants eux-mêmes qui la rachetèrent ; dévastée par quelques uns de ses maîtres, embellie et agrandie par d'autres,
Nuremberg n'avait cependant pas cessé de croître. La première diète de l'empire avait été tenue dans son enceinte, en
936, par l'empereur Othon-le-Grand , et en commémoration
de cette circonstance elle était le lieu où chaque nouvel empereur devait tenir la première diète qu'il convoquait après
son avénement. Plusieurs assemblées religieuses y siégèrent
entre les années 1438 et 1487. Elle lutta, pendant près d'un
siècle, contre les électeurs de Brandebourg. Lorsque le roi
de Suède, Gustave-Adolphe, vint tenter en Allemagne son expédition politique et religieuse (1631), Nuremberg fut un des
principaux points autour desquels se concentrèrent les efforts
de la guerre, et ce fut enfin dans ses murs que se réunit
(1650) l'assemblée qui ordonna l'exécution du traité de Mun-
ster. Après cette époque, Nuremberg, qui avait vu sa population descendre peu à peu, de quatre-vingt-dix mille habitants
à une quarantaine de mille, passa de la domination impériale
sous le sceptre bavarois ; elle est aujourd'hui comprise dans le
cercle de Rezat.

De vieilles murailles, garnies de vieux fossés et flanquées
de vieilles tours , enceignent la ville. Son gothique château ,
le Rischsfeste, présente encore, dans son humble condition
actuelle de magasin, quelques apparences de l'altière forteresse où les empereurs d'Allemagne tinrent leur cour et où
présidèrent des magistrats municipaux, des gouverneurs aristocratiques. Dans l'hôtel-de-ville, construit en 1619 et l'un
des plus beaux de l'Allemagne, sont conservés les gants, le
baudrier, la dalmatique, la couronne de Charlemagne et le
gobelet de Luther, relique que Nuremberg, se déclarant luthérienne dès l'année 1530, a mérité d'obtenir. Ses églises donnent à admirer de belles formes gothiques et des vitraux

Nuremberg, p. 55.

somptueusement coloriés : près de six siècles ont passé sans les altérer sur ceux de l'église de Sainte-Claire. Ses maisons privées élèvent sur des rues irrégulières, mais larges, des murs en pierres de taille, délicatement sculptés et chargés de riches peintures. Enfin, la disposition de l'intérieur de ses édifices, l'ameublement de ses appartements, les mœurs, les habitudes de ses habitants, rapellent toutes les formes, toutes les pratiques de la vie publique et particulière du moyen âge.

Cette conservation parfaite de l'empreinte gothique dans Nuremberg est d'autant plus remarquable, que l'industrie et le commerce, sous l'influence desquels les populations marchent du même pas que le siècle, et se façonnent à la guise du temps, fleurissent et ont toujours fleuri dans cette ville, qui compte aujourd'hui environ cinq cents manufactures. Si l'on veut énumérer, dit un écrivain, les inventions utiles qui ont eu lieu dans ses murs, Nuremberg a des titres à la reconnaissance du genre humain. Pierre Hell y inventa la montre vers la fin du quinzième siècle, Traxdorf les pédales, Rudolphe les filières à étirer le fil de fer, Jean Lobsinger les fusils à vent, un inconnu les batteries d'armes à feu, Christophe Derrer la clarinette, Erasme Ebbner l'alliage connu sous le nom de cuivre jaune, Martin Bohaïm la sphère terrestre, et Jean Muschells y perfectionna la trompette. Aujourd'hui, la confection des jouets et des petits ustensils en bois a pris à Nuremberg un immense développement.

FRANCFORT SUR LE MEIN.

Francfort est une des premières cités marchandes de l'Allemagne. Elle est tout à la fois un centre religieux et un centre politique. Après avoir été ville libre et impériale, elle est aujourd'hui le siége de la diète, prérogative qui la place à côté des premières capitales de la confédération et la met de pair avec Vienne et Berlin.

L'étymologie du mot Francfort (frank et furt, passage, gué), semble faire croire que cette ville doit son origine à quelques maisons construites sur le Mein, à l'endroit d'un passage sur cette rivière. Ce n'est qu'en 794 que l'on voit figurer le nom de Francfort dans les chroniqueurs : Charlemagne y avait alors une maison de plaisance ; en 804, il y tint un concile, et Charles-le-Chauve vint au monde dans ses murs. Louis-le-Sage la fit entourer d'une enceinte de remparts, qui fut successivement agrandie jusqu'en 1300, époque à laquelle la ville avait déjà atteint l'étendue qu'elle a aujourd'hui. Après le traité de Verdun, en 843, Francfort devint la capitale de l'Austrasie ; Louis-le-Germanique y transporta les foires des Austrasiens auxquelles furent substituées par la suite les deux grandes foires d'automne et de printemps. Au moyen âge, c'était déjà une cité où les empereurs tenaient leur cour, et à qui son importance faisait conférer le titre de chambre impériale. L'empereur Guillaume lui assura le privilége de n'être jamais distraite de l'empire ; enfin, Charles IV, en la faisant, en 1356, dépositaire de la fameuse bulle d'or, la créa ville impériale, et décida que désormais ce serait dans ses murs qu'aurait lieu l'élection des successeurs de Charlemagne.

En 1555, Charles-Quint autorisa Francfort à faire battre monnaie ; enfin la paix de Westphalie lui confirma tous les priviléges et immunités qui lui avaient été successivement concédés. En 1803, cette ville fut conquise par les Français. Érigée d'abord en principauté, elle passa ensuite, en 1806, dans les états de l'électeur de Mayence, prince primat de la confédération du Rhin. Le congrès de Vienne vint rendre à Francfort ses vieilles lois et ses institutions aristocratiques. Toutefois une nouvelle constitution lui fut accordée en 1816. Un sénat ayant à sa tête deux bourguemestres élus par lui chaque année, est investi du pouvoir exécutif ; le corps législatif a le contrôle de ses actes et la surveillance de l'administration.

Francfort-sur-le-Mein, p. 57.

Francfort renferme 50,000 habitants, dont la majeure partie suit la confession d'Augsbourg. Les juifs y sont fort nombreux.

Francfort est assez bien bâtie, mais la plupart de ses maisons sont massives ; on admire ses belles places dites : la place d'Armes, le Lichtfrauenberg et le Rœmerberg ; ses rues de Liel et Wallgraben. Elle compte plusieurs palais, au nombre desquels nous citerons celui de la Diète, l'hôtel-de-ville et le Saalhof, ancienne habitation des Carlovingiens. L'église de Saint-Barthélemi se recommande à la curiosité des voyageurs, parce que c'était autrefois dans ce magnifique vaisseau que l'empéreur était sacré. Un pont de quatre cents pieds de long jeté sur le Mein, réunit la ville au faubourg de Sachsenhausen, et forme un des plus beaux ornements de la ville. La bibliothèque, riche de cent mille volumes, montre orgueilleusement aux yeux des bibliophiles une bible imprimée par Faust, en 1462. Ce nom rappelle une des gloires de Francfort ; c'est elle qui a donné le jour à Gœthe, dont la statue va tout à l'heure, dans Francfort, conserver les traits à la postérité admiratrice de ses écrits.

HAMBOURG.

Hambourg, ancienne ville de la Hanse, était une des cités les plus florissantes, lorsque, par sa réunion à l'empire français, elle devint, en 1810, le chef-lieu du département des Bouches-de-l'Elbe. Elle renfermait à cette époque 107,000 habitants. Dès lors sa prospérité s'évanouit; ses promenades et les campagnes qui embellissaient ses environs furent détruites pour la sécurité de la garnison française, assiégée par terre et par mer. Ses désastres furent réparés et ses maux oubliés dès que, rendue à son ancienne indépendance, elle put jouir des bienfaits de la paix en ouvrant son port aux vaisseaux de toutes les nations.

Du côté de la mer, la ville est moins fortifiée que de celui de la terre. Malgré la digue qui s'élève le long du fleuve, elle a beaucoup souffert des inondations : en 1771, les eaux de la rivière s'élevèrent en une seule nuit à plus de 20 pieds de hauteur, et au mois de février 1825, un terrible ouragan inonda les trois quarts des maisons et détruisit pour plus de 4,000,000 de francs de marchandises. L'incendie de 1840 fut sa dernière catastrophe.

Hambourg est une ville de commerce dans toute l'étendue du mot : l'appât du gain et des richesses éloigne de son enceinte les sciences et les arts. Elle n'a qu'une bibliothèque remarquable; ses collections méritent peu de fixer l'attention, et c'est à peine si l'on doit citer parmi ses édifices la bourse, l'hôtel-de-ville, l'hôtel Potocki, celui de l'amirauté, l'église Saint-Michel, dont la tour a 400 pieds d'élévation, et celle de Saint-Nicolas, dont l'orgue passe pour être le plus grand qui existe. Mais elle est riche en établissements d'éducation et de bienfaisance : ainsi l'on doit citer le *Johanneum*, l'école de navigation, l'observatoire, la nouvelle maison des enfants trouvés et le nouvel hôpital général. Des ateliers de travail l'ont délivrée du fléau de la mendicité.

Les habitants de Hambourg se divisent en bourgeois actifs ou héréditaires, qui jouissent de plusieurs droits et prérogatives; en petits bourgeois ou parents de protection, qui ne peuvent exercer que certains genres d'industrie déterminés, et sont soumis à payer un droit; en étrangers, enfin, qui paient des droits encore plus forts et ne peuvent acquérir aucune

propriété sous leur nom. Quant aux juifs, ils possèdent des maisons dans certains quartiers, sans jouir cependant du droit de bourgeoisie, qui n'est concédé que depuis 1814 aux chrétiens qui n'appartiennent pas à la confession d'Augsbourg.

Le gouvernement hambourgeois est aristo démocratique: La souveraineté réside dans le conseil et la bourgeoisie. Les bourgeois forment la garde nationale, qui, avec un petit corps de troupes soldées, constitue la force militaire de la république.

Des fonderies de cuivre importantes, 300 raffineries, 10 imprimeries d'indiennes, 14 blanchisseries de cire, 300 métiers pour la soierie, 100 pour la toile; des fabriques de savon, des brasseries, des tanneries, des manufactures de tabac qui occupent 900 ouvriers, l'apprêt des viandes fumées connues sous le nom de bœuf de Hambourg : telles sont les principales branches d'industrie de cette ville. Elle possède plus de 200 navires, et fait des armements considérables pour la pêche de la baleine. Chaque année son port reçoit plus de 1,000 vaisseaux chargés de denrées coloniales.

BADE.

A deux lieues du Rhin, au milieu d'une de ces belles vallées qui s'étendent de la forêt Noire jusqu'à ce fleuve, s'élève la ville de Bade, place forte autrefois, mais dont les vieux murs tombent en ruine, et dont les fossés sont à moitié comblés. Cette ville, résidence du grand-duc, et qui offre, avec ses châteaux et ses tours, un aspect des plus pittoresques, ne compte pas plus de trois mille habitants ; ses maisons, au nombre de quatre cents environ, sont en général petites, mal bâties et plus mal entretenues ; presque toutes sont en quelque sorte enterrées dans le sol, fort escarpé sur certains points, et il en est un assez grand nombre où l'on peut presque, de plain-pied, passer du grenier au jardin.

Tout le monde sait de quelle réputation jouissent les eaux de Bade ; c'est à ces eaux que la ville doit toute son importance ; elles sont la cause du rendez-vous que s'y donne l'aristocratie de toute l'Europe. Dès que la saison des bains est arrivée, c'est-à-dire au mois de juin, le grand monde afflue dans la petite ville, qui, calme et silencieuse pendant la plus grande partie de l'année, acquiert alors l'importance d'une capitale : les hôtels sont insuffisants ; les maisons particulières s'encombrent. Malheur aux retardataires ! ils se donneront mille peines pour trouver un logement, et quelque grands seigneurs qu'ils soient, ils devront se trouver heureux d'obtenir un réduit de quelques pieds carrés ; on a même vu des familles entières obligées, en arrivant, de passer plusieurs nuits dans leurs voitures.

Malgré cette affluence, on peut vivre à Bade à peu de frais ; les environs abondent en gibier, poisson, fruits de toute espèce, et un service régulier établi entre cette cité et les grandes villes les plus voisines, telles que Strasbourg, Mourgthal, Rastadt, y entretient constamment l'abondance.

Quelle que soit l'efficacité des eaux de Bade, elles ne sont, pour beaucoup d'étrangers, que le prétexte du séjour qu'ils font dans cette ville ; les maisons de jeu qui y sont tolérées, les fêtes, les plaisirs de toutes sortes sont des appâts non moins puissants. Et puis la nature est vraiment charmante à Bade ; la verdure des arbres, des bosquets, du gazon y est d'une fraîcheur délicieuse ; tou-

Bade, p. 61.

tes les collines, tous les vallons abondent en sources d'eau vive, et le moindre enfoncement y produit un ruisseau limpide. Les ombres solitaires sont animées d'oiseaux de toute espèce ; tous les chemins, les moindres sentiers deviennent d'agréables promenades, embellies par la diversité des points de vue ; et l'on trouve dans le moindre hameau, dans la ferme isolée, même sous les ruines du vieux château, du vin, du lait, des eaux minérales, d'autres rafraîchissements.

Les promenades les plus fréquentées sont la vallée de Mourg, le Houb, le Vieux-Château, les ruines d'Eberstein, les Rochers : on y fait des déjeuners, des dîners sur le gazon, dont le sans-façon n'exclut ni le confortable, ni le ton de bonne compagnie.

La saison des bains, à Bade, peut être divisée en trois périodes : La première commence vers le milieu de mai, et dure jusqu'à la fin de juin. C'est la moins bruyante ; les étrangers y sont moins nombreux que pendant la période suivante ; ce sont des personnes qui viennent réellement avec l'espoir de se guérir de quelque affection rebelle à l'art du médecin, ou qui cherchent dans la salubrité de l'air, l'aspect d'une riante nature, le calme et la beauté du paysage, un dédommagement au bruit et au fracas des villes, qu'ils ont subis pendant l'hiver. On joue peu pendant cette première époque ; les bals sont rares, et la promenade est presque le seul plaisir que l'on se donne.

Au mois de juillet commence la deuxième période, qui dure jusqu'à la fin d'août. C'est alors que les riches étrangers abondent, que les fêtes se succèdent sans interruption, que des flots d'or roulent sur les tapis verts ; c'est alors que la ville est encombrée de riches équipages, que le bruit, le mouvement remplacent le calme.

Vers la fin d'août, les équipages diminuent, les meilleurs hôtels se dépeuplent, le bruit diminue, on danse moins, le jeu est moins animé ; la troisième période commence. La ville est cependant encore fort animée jusqu'à la fin d'octobre ; mais la riche aristocratie a disparu.

En novembre, tout rentre dans le silence ; Bade s'endort pour ne se réveiller qu'au mois de mai.

COBLENTZ

Coblentz, si célèbre pour avoir été le lieu de rendez-vous de l'émigration royaliste, est située au confluent de la Moselle et du Rhin. Cette situation a donné une grande activité à son commerce. La ville est entourée de formidables fortifications et d'un développement si considérable, qu'elles forment un camp retranché susceptible de mettre à l'abri une armée de 100,000 hommes. Plusieurs de ses rues sont alignées et bien bâties, et l'on y remarque des quais et des édifices assez beaux, entre autres un pont sur la Moselle, le château des anciens électeurs de Trèves, l'église Notre-Dame et celle de Saint-Castor, qui vit, en 1806, une assemblée de trois rois et de onze évêques.

Coblentz fut pendant quelque temps réunie à la France. Elle était le chef-lieu de ce département de Rhin-et-Moselle, dont l'empereur avait arrondi son territoire. Alors, son beau château, bâti par l'électeur Clément de Trèves, avait été transformé en casernes et en magasins militaires, et c'est par un grand hasard que les belles peintures de la chapelle ont échappé aux atteintes de l'occupation militaire.

Coblentz possédait, avant cette époque, une bibliothèque; mais elle fut enlevée par les Français vainqueurs, en 1795.

Au dehors de Coblentz, les voyageurs ne manqueront pas d'aller visiter le pont de la Moselle, d'où l'on découvre un magnifique panorama; le champ fameux où les Prussiens campèrent dans l'expédition de la Champagne; le lieu où était le tombeau du général républicain Marceau. Là aussi nous avions bâti un petit fort dont les Allemands ont fait depuis une puissante forteresse. On sait que Marceau tomba frappé mortellement au moment où il cherchait à arrêter l'armée en désordre de Jourdan. Les Allemands ont rendu justice au noble caractère, à l'humanité de Marceau, et c'est avec respect que les Prussiens ont replacé, à quelque distance de son emplacement primitif, l'obélisque élevé à la mémoire du général français, lorsque l'extension donnée aux fortifications obligea les ingénieurs à démolir ce cénotaphe.

Hoche, compagnon d'armes de Marceau, fut aussi enterré près de ce monument. On voit son tombeau près de la *Tour Blanche*.

Un autre objet digne de toute l'attention des voyageurs, des

Coblentz, p. 63.

hommes de guerre surtout, ce sont les redoutables fortifications qui enveloppent aujourd'hui les hauteurs voisines de
Coblentz. L'*Ehrenbreitstein*, la *Chartreuse*, le *Pétersberg*, et une
quatrième colline, sont liés par un système de défense vraiment formidable.

La première position domine le Rhin et la route du pays
de Nassau; la deuxième, la route de Mayence; la troisième,
celles de Cologne et de Trèves. Ces travaux militaires portent
aujourd'hui le nom de forteresse de Frédéric-Guillaume. Les
Prussiens ont sacrifié des sommes énormes pour la construction de la gigantesque forteresse. N'est pas admis qui veut
dans l'intérieur d'*Ehrenbreitstein*; il faut solliciter une carte
du commandant et marcher sur les pas d'un guide, ou pour
mieux dire d'un surveillant.

La population de Coblentz est aujourd'hui de 26,000 âmes.

De Mayence à Coblentz, le Rhin se dessine et s'élargit, presque à chaque demi-lieue, en bassins alongés. Le voyageur, ren-
fermé sous ce vaste enclos de montagnes, cherche en vain des
yeux et de la pensée une issue pour en sortir; mais presque toujours elle se trouve au point opposé où son œil croit l'apercevoir.
Cette surprise continuelle rend les voyages du Rhin également
piquants et variés.

Parmi les brillants et sublimes tableaux qui s'offrent à chaque
pas sur les bords du Rhin, il n'est pas surprenant que la poésie
chevaleresque des siècles de superstition ait trouvé d'amples matériaux pour des légendes et des contes romanesques. Le nom
seul de certains lieux célèbres annonce d'une manière expressive
quelques traditions. Tels sont le *Treuenfels* (rocher de la fidélité),
Drachenfels (rocher du dragon), *Wolkenburg* (château des nuages),
Loewenberg (roche des lions), *Ehrenbreitsten* (pierre d'honneur).

Quelque belles et pittoresques que soient les ruines de ces
châteaux qui ornent les bords du Rhin, on ne peut oublier en
les voyant qu'ils furent autrefois les repaires de la violence et de
la tyrannie. Le pouvoir des seigneurs qui les possédaient devint
si oppressif, que soixante villes sur le Rhin se liguèrent contre
eux et attaquèrent leurs forteresses. Plusieurs châteaux furent
détruits par les flammes, et aujourd'hui ces ruines et ces décombres sont tellement confondus avec les fragments de rochers,
que souvent on ne peut distinguer les uns des autres.

COLOGNE.

Cologne, en allemand *Koln*, patrie de Rubens, de Corneille Agrippa et de saint Bruno, fondateur de l'ordre des Chartreux, doit sa prospérité moins à ses fabriques peu nombreuses, à ses distilleries de l'eau spiritueuse qui porte son nom, qu'à son port sur le Rhin, qui la rend l'entrepôt d'un commerce considérable avec l'Allemagne et la Hollande. Sa fondation remonte à une haute antiquité, puisqu'elle passe pour avoir été la capitale des *Ubiens*. Ville municipale sous le règne de Claude, conquise par Mérovée en 449, ruinée par Attila, rebâtie par les Romains, soumise par Chilpéric, réunie à la France par Clovis, et devenue la résidence des rois de la première race et de Charlemagne, Cologne fut déclarée ville libre et impériale en 957, fut fortifiée en 1187, prit rang parmi les villes anséatiques en 1260, devint électorat au quatorzième siècle, et, sous la domination française, fut le chef-lieu d'un arrondissement du département de la Roër. Ce chef-lieu de la province rhénane est encore entouré de fossés et de vieux murs; ses rues sombres, ses maisons gothiques et mal construites, gâtent l'aspect de plusieurs monuments, tels que l'hôtel-de-ville, orné d'un double rang de colonnes en marbre; l'école centrale, l'ancien palais électoral, la cathédrale, qui, bien qu'elle ne soit point encore achevée, peut passer pour l'un des plus beaux édifices gothiques de l'Allemagne; l'église Saint-Pierre, dans laquelle fut baptisé Rubens, et un grand nombre d'autres églises presque toutes célèbres par les reliques qu'elles présentent à l'adoration des fidèles.

Assise sur un plan légèrement incliné le long de la rive gauche du Rhin, dont elle suit le littoral; courbée en arc, assez exactement pour prendre la forme d'un croissant, la ville de Cologne se développe dans une enceinte de deux lieues, que dessinent des fossés profonds et de vieilles murailles flanquées de quatre-vingt-trois tours. Une population d'environ soixante-onze mille habitants, dispersée sur une étendue aussi vaste, paraîtrait clairsemée; mais des jardins, des vignes et des places publiques nombreuses occupent une grande partie de cet espace, et ne laissent aux bâtiments qu'un terrain assez resserré.

L'hôtel-de-ville est un de ses monuments les plus remarquables. Situé entre deux places publiques, cet édifice, de proportions élégantes et nobles, se recommande à l'extérieur

Cologne, p. 66

par un beau portique, par une double décoration de colonnes de marbre, par de riches bas-reliefs et par de précieuses inscriptions qui constatent les rapports de la ville avec Rome. La première rappelle que Jules-César reçut les Ubiens dans l'alliance romaine et qu'il jeta deux ponts de bois sur le Rhin, au lieu même où devait s'élever Cologne ; une seconde rapporte qu'Auguste envoya une colonie, et une troisième qu'Agrippa bâtit la ville ; une quatrième apprend que l'empereur Constantin fit don à Cologne d'un pont de pierre ; une cinquième, enfin, que Justinien accorda aux habitants de nombreux priviléges ; une sixième est conçue en l'honneur de l'empereur d'Allemagne Maximilien Iᵉʳ. Ainsi chargé de titres historiques et destiné, en outre, au sénat pour la tenue de ses assemblées, aux consuls et aux autres magistrats pour l'exercice de leurs fonctions, l'hôtel-de-ville était pour les Colognotes un monument national : il renfermait, de plus, dans une de ses salles, une galerie de portraits représentant les ducs qui gouvernèrent la ville avant qu'elle passât sous le sceptre ecclésiastique, et dans un autre les flèches et les épées avec lesquelles les bourgeois défendirent leurs franchises contre leurs seigneurs et leur indépendance contre les étrangers.

Si l'hôtel-de-ville rappelait que Cologne méritait son surnom de la Rome d'Allemagne, des églises et des chapelles, en nombre égal à celui des jours de l'année, indiquaient en même temps qu'elle était sous la domination d'un archevêque, qu'elle avait été aussi surnommée la Sainte, et qu'elle avait plus sévèrement qu'aucune autre ville d'Allemagne consigné à ses portes la religion réformée et les juifs, qui n'étaient admis que sur une autorisation expresse. De tous ces édifices religieux, dont le nombre a beaucoup diminué, l'église de Notre-Dame-du-Capitole et la cathédrale sont les plus renommés, la première pour son antiquité (elle fut fondée par Plectrude, la femme du roi Pépin), et la seconde pour sa magnificence architecturale. Quoique non achevée, et bien qu'une de ses tours, destinée à atteindre cinq cent quatre-vingts pieds de hauteur, ait à peine en six siècles fourni le quart de sa carrière, ce temple gothique est réputé le plus imposant de l'Allemagne.

BERLIN.

Berlin, capitale de la Prusse, s'élève au milieu d'une plaine des plus monotones. Elle est traversée par la Sprée, et ne renferme pas moins de deux cent cinquante-sept mille habitants. Comme toutes les villes dont l'accroissement ne date que de peu d'années, elle est construite avec la plus grande régularité. Un palais magnifique, un arsenal pouvant contenir les munitions d'une armée de deux cent mille hommes, un grand nombre d'hôtels remarquables, deux théâtres, trente-trois églises, presque toutes d'une belle architecture ; trente-deux places, dont plusieurs sont ornées de statues, entre autres de la statue équestre de Frédéric-Guillaume, fondue en bronze et pesant plus de trois mille quintaux ; la porte de Brandebourg, construite sur le modèle du Propylée d'Athènes et surmontée d'un quadrige en cuivre relevé en bosse ; le *Kriegsdenkmahl*, magnifique monument érigé en 1820 devant la porte de Halle, à la gloire des armées prussiennes ; entre le château et la porte de Brandebourg, la belle colonne surmontée d'une statue colossale en fer du grand Frédéric : tels sont les monuments qui dans cette ville appellent l'admiration des étrangers. De nombreux hôpitaux, un hôtel des invalides, de riches bibliothèques, dont le nombre s'élève à vingt-quatre, parmi lesquelles on distingue la bibliothèque royale, composée de cent quatre-vingt mille volumes ; un jardin botanique d'une richesse et d'un ordre prodigieux ; un musée d'histoire naturelle, l'un des plus remarquables de l'Europe ; un bel observatoire, un beau musée de peinture et de sculpture, et le riche musée égyptien formé des collections recueillies par le général Minutoli et le voyageur Passalacqua ; des collections de tous genres ; une université célèbre, qui compte plus de mille six cents étudiants ; une académie royale des sciences, fondée par le grand Frédéric ; des colléges, des écoles gratuites, des sociétés de bienfaisance, placent la capitale du royaume de Prusse au rang des villes les plus éclairées et les plus civilisées de l'Europe. Un voyageur français présente ainsi l'aspect général de Berlin. « Nous n'avons rien à Paris, dit-il, qui donne l'idée d'une telle magnificence, d'une telle profusion de palais, d'arcs, de temples, de bâtiments remarquables, de la largeur symétrique et sans froideur des rues et places de Berlin. On croit voir ces rideaux de théâtre sur lesquels Degotty s'est plu à réu-

Berlin, p. 67.

nir sur un même point tous les prodiges que le génie des architectes a disposés dans toutes les villes du monde; l'œil étonné
ne rencontre que péristyles, frontons, colonnades surtout; les
colonnes sont peut-être même trop prodiguées. Placé sous la
magnifique *allée des Tilleuls* (promenade qu'on peut comparer
aux boulevarts de Paris, avec cette différence que les piétons
en occupent le centre et les équipages les deux côtés), on aperçoit du même coup d'œil le *palais du roi,* le nouveau palais,
l'*Opéra*, édifice plein de magnificence; l'Université, la *belle
statue en bronze de Blücher*; sur le second plan, l'*église catholique*, avec son dôme et ses beaux portiques; la *nouvelle salle de
Concert*, d'une élégance au dessus de tout éloge; la porte *de
Brandebourg*, sur laquelle sont remontés les quatre chevaux
que nous avions eu grand tort de prendre; enfin, la promenade de *Thier-Garten*, un des plus beaux parcs de l'Europe.

L'*allée des Tilleuls* est la plus magnifique vue qu'on puisse
concevoir. Longue de plus de quatre mille pieds et large de
cent soixante, elle est bordée d'édifices splendides et plantée
de six rangées d'arbres. Le *palais du roi*, chef-d'œuvre de l'architecte Schluter, est la gloire et l'orgueil de Berlin. L'*Opéra*,
plus vaste qu'aucune salle de spectacle d'Europe, peut contenir cinq mille personnes, et ses loges, par un raffinement de
galanterie hospitalière, s'ouvrent *gratis* aux étrangers. La *statue de Blücher* se fait remarquer au milieu des généraux, en
bronze et en marbre, qui s'élèvent de toutes parts pour former l'état-major de leur chef, le grand Frédéric. Ces nobles
figures ne font pas seulement l'ornement des places, elles sont
encore des monuments de la reconnaissance du peuple prus-
sien envers ceux qui l'ont servi. L'église de *Sainte-Hedwige* rappelle le Panthéon de Rome. La *Salle de Concert* est le temple
le plus somptueux qui ait jamais été élevé à Polymnie. Enfin,
le parc de *Thier-Garten*, que baigne la Sprée, est le bois de Bou-
logne de Berlin, qui donne à envier à Paris ses *jardins d'hiver*,
ses immenses serres chaudes, où les promeneurs, tout à l'heure
glacés et attristés par le spectacle des frimas et des neiges,
trouvent soudain l'atmosphère tiède et la végétation brillante
de l'Orient.

DRESDE.

Dresde, ville capitale de la Saxe, est située sur les deux rives de l'Elbe. Ses faubourgs sur la rive droite sont parfaitement bâtis. Ils sont mis en communication avec la rive gauche par un pont de 1,420 pieds de long sur 36 de large. Dresde est divisée en vieille et nouvelle ville; ses remparts ont disparu. La chancellerie, l'hôtel des finances, .a monnaie, l'arsenal, l'hôtel-de-ville, les théâtres, les palais des princes et celui du roi sont de beaux édifices. La salle du grand Opéra peut contenir 6,000 spectateurs. Parmi ses dix-huit églises, on remarque la nouvelle église des catholiques, celle de Sainte-Sophie, décorée de sculptures et de tableaux, et ornée de colonnes qui ont, dit-on, appartenu au temple de Jérusalem, et furent rapportées de cette ville en 1476; celle de Notre-Dame, bâtie sur le modèle de Saint-Pierre de Rome. Dresde possède plusieurs hôpitaux, beaucoup d'établissements d'instruction, parmi lesquels on distingue l'école d'artillerie et du génie, l'école de médecine, l'école de chirurgie, l'école vétérinaire et l'académie des arts. Le cabinet de médailles est fort riche; la galerie de tableaux est regardée comme une des premières de l'Europe. Enfin, il y a trois bibliothèques, dont la plus importante se compose 250,000 volumes, 4,000 manuscrits et 20,000 cartes géographiques.

Le château de Dresde est remarquable par sa tour, haute de plus de 350 pieds.

L'histoire de cette ville se lie essentiellement à celle de l'Europe et surtout à l'histoire du commencement de ce siècle. Prise et reprise plusieurs fois, on n'a pas oublié que c'est dans ses murs que s'est décidé le sort de l'empereur Napoléon; car là encore il pouvait signer la paix qui lui était offerte, et qu'il repoussa parce qu'on lui refusait l'Italie. La population de Dresde est de 70,000 âmes.

Dresde, p. 69.

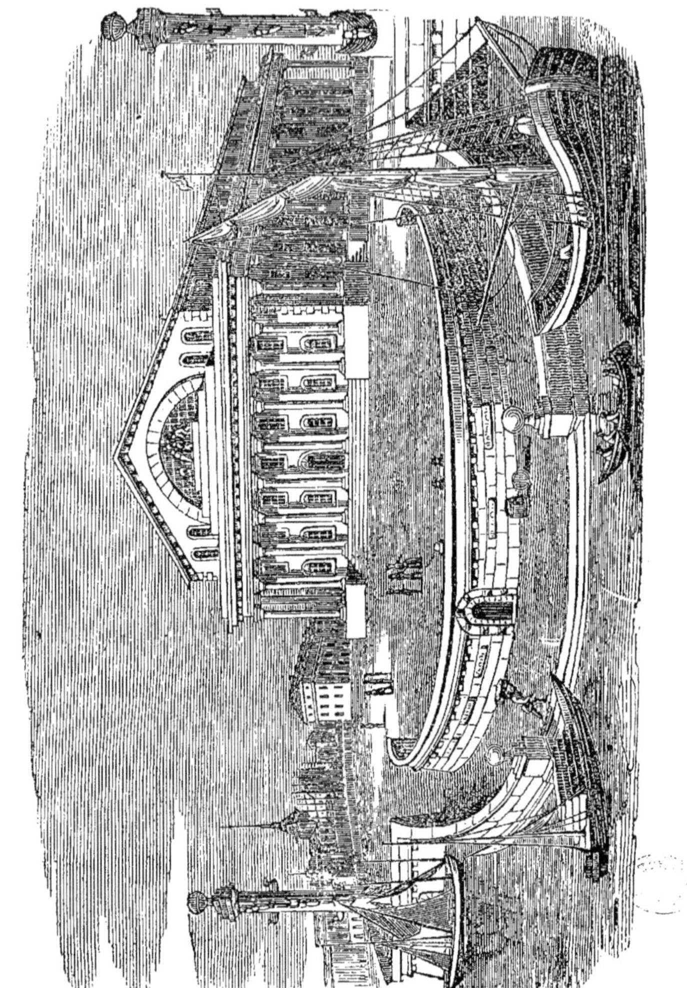

La Bourse, à Saint-Pétersbourg, p. 71.

RUSSIE.

—

SAINT-PÉTERSBOURG.

Saint-Pétersbourg est une ville nouvelle, conçue d'après un plan régulier. Aussi n'y remarque-t-on pas de ces rues noires, étroites et tortueuses, comme on en voit dans les faubourgs et au centre même de Paris. L'aspect de cette vaste cité est noble, régulier et majestueux. Le génie de Pierre le Grand l'a fait sortir du milieu des marais impraticables qui occupaient jadis sa place, et qu'il a fallu cribler de pilois pour asseoir les fondations des édifices. A voir cette merveilleuse cité, on prendrait une trop haute idée du peuple russe, si on ne savait que ce sont des étrangers appelés par les empereurs qui ont fait tout cela. Il eût été impossible de trouver dans la Russie même des ingénieurs et des chefs d'atelier capables d'exécuter ces grands travaux ; mais Pierre le Grand, ses successeurs et les grands seigneurs russes étaient assez avancés en civilisation pour comprendre qu'il fallait attirer les hommes de mérite que possédaient les pays étrangers, sans attendre que leurs propre nation fût à son tour assez riche en capacités du même ordre.

Saint-Pétersbourg est situé à l'embouchure du fleuve la *Newa*, qui l'environne presque entièrement, et, se divisant en plusieurs bras, forme des îles dans lesquelles sont quelques uns des quartiers de la ville. Cette position choisie par Pierre le Grand donne à Saint-Pétersbourg une certaine importance commerciale, et contribue beaucoup à son agrément ; mais les inondations de la *Newa*, inondations contre lesquelles n'a encore pu lutter avec succès le talent des ingénieurs français qui ont successivement servi en Russie, causent d'effroyables dégâts, et menacent toujours d'une complète destruction plusieurs parties de la capitale.

Outre les bras nombreux formés par la *Newa*, Saint-Pétersbourg renferme plusieurs canaux qui coupent en cercles irréguliers l'immense quartier de l'Amirauté. L'un de ces canaux a près de deux lieues d'étendue, et sa largeur est de soixante-dix pieds environ.

Les quais de Saint-Pétersbourg sont magnifiques. La plupart sont bordés de larges trottoirs et de parapets réguliers en granit, qu'interrompent, d'espace en espace, des reposoirs en demi-lune, avec des bancs de granit, des deux côtés desquels sont des pentes douces qui conduisent au fleuve. Les ponts de Saint-Pétersbourg ne répondent pas à la beauté des quais. La rapidité du cours de la *Newa*, et les glaces qu'elle charrie au printemps et en automne, ont jusqu'ici empêché de jeter des ponts fixes sur le fleuve ; il a fallu se servir de ponts de bateaux. Ces ponts, très éloignés les uns des autres, obligeraient à faire des détours immenses, s'il n'y avait des bateliers sur les bords du fleuve, qui, pour quelques copèeks, conduisent d'une rive à l'autre ; leurs bateaux, ordinairement à deux rames, ne sont pas couverts ; mais au printemps, avant que les ponts soient rétablis, et en automne, quand ils sont ôtés à cause des approches de l'hiver, on trouve, aux endroits où on les passe ordinairement, de grandes gondoles qui ont de dix à douze rameurs. Ces gondoles appartiennent aux divers ministères ou aux particuliers. Les gondoliers ou rameurs sont employés, en été, dans les parties de plaisir et amusent les promeneurs par des morceaux de chant et d'harmonie. Ils sont si occupés dans les jours de fête, qu'on a peine à s'en procurer. Un des plus curieux monuments de Saint-Pétersbourg est la colonne Alexandrine.

En 1825, peu de temps après la mort de l'empereur Alexandre, son frère et son successeur, l'empereur Nicolas, conçut la pensée d'ériger un monument à sa mémoire sur la place du

Colonne Alexandrine, à Saint-Pétersbourg, p. 73.

Palais-d'Hiver, l'une des principales de Saint-Pétersbourg. Un Français, M. de Montferrand, proposa d'adopter le mode antique des colonnes ou obélisques, et il désigna un bloc de granit, d'une dimension extraordinaire, qu'il avait remarqué dans la carrière de Pytterlaxe, située dans l'une des baies du golfe de Finlande, entre Wybourg et Frédérichsham. La masse qu'il a fallu extraire pour en tirer le fût de la colonne avait quatre-vingt-dix-huit pieds de longueur, sur une épaisseur moyenne de vingt-deux pieds ; son poids était de neuf millions cinq cent soixante-seize mille livres environ ; elle a été taillée dans le roc vif sur trois de ses côtés. Ce travail, auquel six cents ouvriers ont été sans cesse employés, a duré près de deux ans. Enfin, le 19 septembre 1831, la masse granitique fut renversée en sept minutes sur le bord du navire construit pour la recevoir.

La colonne Alexandrine surpasse en élévation tous les monuments monolithes qui aient jamais été érigés. Son fût en granit, de quatre-vingt-quatre pieds, repose sur un piédestal également en granit. La hauteur totale du monument, depuis le sol de la place jusqu'à la partie supérieure de la croix, est de cent soixante-huit pieds. Le piédestal est orné d'armures anciennes qui rappellent les principaux faits d'armes des guerriers moscovites. Les figures colossales du *Niémen* et de la *Vistule*, de la Victoire et de la Paix, de la Justice et de la Clémence, de la Sagesse et de l'Abondance, sont groupées avec d'autres armures qui appartiennent aux siècles passés. Le sommet de la colonne est couronné par un ange tenant la croix de la main gauche, et de la droite montrant le ciel. Sur la face du piédestal qui regarde le Palais-d'Hiver, on lit l'inscription suivante en langue russe : « A Alexandre Ier, la Russie reconnaissante. » Ce piédestal, sa base, le chapiteau et le piédouche qui supporte la statue, sont recouverts en bronze. Cette merveille fut inaugurée le 11 septembre 1834, jour de saint Alexandre.

MOSCOU.

Cette ancienne capitale de la Moscovie, située au milieu d'une plaine immense, avant l'incendie qui la détruisit en partie, offrait un vaste et bizarre assemblage de deux cent quatre-vingt-quinze églises et de quinze cents châteaux, avec leurs jardins et leurs dépendances. Ces palais de briques et leurs parcs entremêlés de jolies maisons de bois, étaient dispersés sur plusieurs lieues carrées d'un terrain inégal.

Les édifices, les palais, et jusqu'aux boutiques, étaient tous couverts d'un fer poli et coloré. Les églises, chacune surmontée d'une terrasse et de plusieurs clochers terminés par des globes d'or, des croissants et des croix, rappelaient l'histoire de ce peuple ; c'était l'Asie et sa religion d'abord victorieuse, ensuite vaincue, et enfin le croissant de Mahomet dominé par la croix du Christ.

Fœdor, frère aîné de Pierre le Grand, commença à embellir Moscou. Pierre le Grand la fit paver et l'orna de superbes édifices.

LE KREMLIN.

Le Kremlin, qui commença aux premiers jours de Moscou, c'est-à-dire vers le milieu du treizième siècle, et qui subit toutes les vicissitudes de la capitale de la vieille Moscovie, est situé au centre de la ville, dans la partie la plus élevée. Son enceinte, formée par de hautes murailles garnies de créneaux et de tours anguleuses ou rondes en briques de diverses couleurs, présente un polygone irrégulier et se développe sur une longueur d'environ deux mille toises. L'approche en était autrefois défendue par des fossés où croupissait une eau bourbeuse, et sur lesquels étaient jetés cinq ponts étroits et longs, correspondant à autant de portes percées dans les murs ; mais ces fossés ont été nouvellement débarrassés de leur fange et métamorphosés en jardins assez semblables à ceux qui bornent les Tuileries du côté de la place Louis XV. Ce vaste enclos est confusément rempli par des constructions de toute nature et destinées à tout usage, par le palais des anciens czars, la maison du patriarche, l'hôtel du sénat, plu-

sieurs églises, un arsenal et des bâtiments affectés à différentes administrations. On comprend que nous ne pouvons
donner une description régulière et suivie de toutes ces parties ; que, pour nous conformer à notre sujet même, nous
devons les examiner dans le désordre où nous les trouverons
et passer de l'une à l'autre sans transition et sans plan. Nous
nous arrêterons particulièrement sur les points qui nous sem-
bleront justifier les réflexions par lesquelles nous avons commencé notre article, en laissant toutefois à nos lecteurs le
soin de faire les rapprochements et de tirer les conclu-
sions.

L'entrée la plus remarquable du Kremlin est la porte de
Spaskoï. Cette porte, ouverte sur le côté méridional sous
une tour carrée que de petites tourelles élèvent d'étage en
étage, forme une arcade voûtée et peinte en rouge. Au dessus
d'elle est une figure au devant de laquelle une lampe brûle
continuellement. Cette figure est l'image d'un saint qui, selon
la tradition, aurait arrêté les Polonais au moment où, déjà
maîtres de la ville, ils pénétraient dans la forteresse. De là,
la qualification de Sainte donnée à la porte ; de là aussi l'origine d'un usage assez singulier : toute personne qui passe
sous la voûte est obligée, quel que puisse être son rang, de
rendre hommage à la tradition, en marchant la tête découverte pendant la distance d'environ cent pas ; et cette con-
signe est rigoureusement appliquée, ainsi que le fait voir
l'anecdote suivante que nous empruntons au docteur Clarke,
qui voyageait en Russie au commencement du siècle. « Je vou-
lais m'assurer, dit le docteur, si la règle s'observait avec
sévérité, et, feignant une ignorance complète de l'usage,
j'entrai sous la porte avec mon chapeau sur la tête. La sentinelle m'appela : sans prendre garde à elle, je marchai plus
avant, mais je vins à rencontrer un paysan, tête nue, qui,
me voyant la tête couverte, en avertit le peuple et la sentinelle qui, me prenant par le bras avec de très vives expres-
sions de colère, m'eut bientôt rudement appris de quelle manière il fallait traverser la porte Sainte. »

Le *palais des czars*, dans la construction duquel domine
une imitation grossière du style gothique, n'est d'aucun mérite monumental, mais il frappe d'une profonde émotion par
les souvenirs qu'il évoque ; souvenirs de puissance farouche,
de magnificence barbare, de crimes domestiques que n'auraient pas désavoués les Atrides ; souvenirs aussi des plus
grandes catastrophes humaines, car un empereur de France
entra un jour en vainqueur dans cette demeure d'Ivan le Terrible, et en sortit le lendemain en fugitif. A l'une des fenêtres

est un balcon que supportent des piliers gothiques et du haut
duquel les czars se montraient au peuple ; au bas, dans la
cour, était une large pierre sur laquelle les pétitionnaires venaient déposer leurs suppliques : l'empereur les envoyait
quelquefois chercher.

Le *trésor*, dont les différentes richesses sont renfermées
dans des caisses, possède des joyaux et des vêtements de la
plus grande valeur ; des objets pleins d'attrait dans leur bizarre étrangeté, et des reliques du plus haut prix historique.
On y voit d'innombrables vases d'or et d'argent d'un travail
curieux ; le trône de Pierre le Grand ; l'antique peigne d'ivoire
avec lequel les premiers czars peignaient leur barbe flottante ;
la robe de couronnement de Catherine II, longue de douze
aunes, et que douze chambellans soutenaient à grand'peine ;
les couronnes des pays conquis, de Sibérie, de Georgie,
de Pologne, de Crimée, et le brancard sur lequel Charles XII,
roi de Suède, était porté pendant la bataille de Pultawa.

Le *palais du patriarche* expose aux regards une éblouissante
collection d'ornements pontificaux et une bibliothèque où
abondent des manuscrits grecs et slavons.

L'*hôtel du sénat*, d'immenses proportions et construit sous le
règne de Catherine II, est remarquable par sa coupole surmontée d'une masse cubique sur les quatre côtés de laquelle
est écrit le mot *Loi* en lettres colossales.

L'*arsenal*, commencé par Pierre le Grand, et miné par les
Français en 1812, porte encore les traces de la poudre ; mais
devant lui sont rangées, comme en revanche et en consola-
tion du désastre, les pièces d'artillerie française trouvées sous
la glace et la neige. Une inscription gravée sur une porte voisine raconte, comme un fait miraculeux, que, tandis que tout
s'était écroulé par l'effet de l'explosion, une glace, placée tout
auprès devant l'image de saint Nicolas, le patron tutélaire de
la Russie, était demeurée intacte au milieu des ruines.

Les édifices religieux que le Kremlin renferme dans son
enceinte sont : les églises de l'Assomption, de l'Annonciation
et de Saint-Michel, et le clocher d'Ivan le Grand.

L'aspect général du Kremlin, sur les différentes parties duquel nous venons de jeter un coup d'œil rapide, est le plus
extraordinaire que puisse offrir un monument. La confusion
des formes européennes et asiatiques, italiennes, romaines,
gothiques, chinoises, indiennes, tartares ; la variété inexplica-
ble des dômes, des clochers, tantôt puissants comme des
tours antiques, tantôt sveltes comme des tourelles du moyen-
âge, tantôt encore gracieux comme des minarets, s'effilant en
aiguille, s'arrondissant en boule, s'allongeant en ovale, s'é-

caillant en pomme de pin, se côtelant en melon et se teignant en toutes couleurs, en or, en rouge, en blanc, en vert, en violet; le rapprochement immédiat de tant de choses entre lesquelles la pensée est accoutumée à mettre des siècles et des milliers de lieues d'intervalle; l'inextricable pêle-mêle de toits, de murs, de coupoles, de flèches, de rampes, de galeries, de balcons; ce prodigieux chaos architectural, en un mot, jette le spectateur dans un profond étonnement. Il n'y a dans cet ensemble ni beauté, ni grâce, ni élégance, ni majesté, mais une vigueur barbare, une puissance sauvage qui imprime le respect.

Le mot de *kremlin* est dérivé d'un mot russe signifiant à la fois pierre et forteresse.

Dans l'été de 1812, on estimait à 312 mille âmes la population de Moscou, divisée de la manière suivante : clergé, 4,779; noblesse, 10,732; militaires, 21,978; marchands, 11,885; ouvriers de divers états, 19,036; serviteurs de la noblesse qui restaient à Moscou pendant l'été pour garder les palais, etc., 38,404; étrangers, 1,410; peuple et paysans, 203,776.

Cette population s'augmentait beaucoup pendant l'hiver, lorsque tous les seigneurs, les sénateurs, les généraux, les gouverneurs revenaient à la ville pour passer les fêtes de Noël et le carnaval; elle montait alors à environ 420,000 âmes.

En comparant Moscou à ce qu'elle était avant l'incendie, l'on remarque que la population a rapidement augmenté. L'élargissement des rues, la multiplicité des passages, ont diminué le nombre des jardins appartenant à la noblesse, et de cette manière le bas peuple, moins entassé, habite des quartiers plus sains. On observe peu de changements dans l'arrangement général de la ville. Les entrées publiques sont les mêmes qu'autrefois; il y a aussi, comme auparavant, vingt-cinq places. Les édifices publics, tels que l'université, les colléges, les écoles, les deux hôpitaux, les quatre palais impériaux, les sept cathédrales, les cimetières, l'arsenal, les casernes, l'établissement pour les orphelins des militaires, les enfants trouvés, le théâtre, la prison d'état, et quelques autres édifices inférieurs, n'ont pas changé non plus. Mais les établissements religieux ont diminué au lieu d'augmenter. Il y avait, en 1812, deux cent quatre-vingt-seize églises, maintenant il n'y en a que deux cent quatre-vingt-neuf; les couvents et les monastères ont été réduits en proportion. On trouve aujourd'hui à Moscou douze imprimeries, il n'y en avait primitivement que huit. Les manufactures ne sont pas aussi nombreuses qu'avant l'incendie; il y en avait alors quatre cent

quarante-deux, il n'y en a plus que trois cent soixante-seize.
Les boutiques du bazar, qui sont sous le contrôle immédiat
du gouvernement, étaient, en 1812, au nombre de six mille
sept cent soixante-seize, et maintenant il n'y en a plus que
six mille cent trente-six. En 1812, les maisons particulières,
dix-sept cent soixante-douze; maintenant, douze cent vingt-six.

Après l'incendie de 1812, on essaya, comme nous l'avons
dit, de mettre dans la construction des maisons et des rues
nouvelles plus de régularité qu'il n'y en avait autrefois, mais
l'étendue du terrain que couvre Moscou et son inégalité empê-
chèrent qu'on ne réussît complétement. Cependant, telle
qu'elle est aujourd'hui, tous les voyageurs s'accordent à dire
que Moscou ne le cède à aucune ville d'Europe pour l'étendue
et la magnificence.

ODESSA.

Odessa est dans la Crimée. Cette ville qui, il n'y a pas encore longtemps, n'était qu'une bourgade bâtie en roseaux et
en terre glaise, est aujourd'hui une cité florissante, habitée
par plus de soixante mille âmes ; elle doit sa prospérité à
d'heureuses circonstances aidées de l'habileté du duc de Richelieu, alors gouverneur de la Crimée pour l'empereur de
Russie. Sa position la rend nécessairement l'entrepôt du commerce dans ces contrées; aussi exporte-t-elle tous les blés,
les cires, les bois, et les peaux de l'Ukraine tant russe que ci-
devant polonaise. Elle importe en outre les vins et les fruits
de la Méditerranée, les cuirs et les soieries du Levant, ainsi que
les autres articles permis du luxe étranger. — « Elle est bâtie
sur un terrain incliné au bas duquel est le port, construit de
manière à recevoir jusqu'à trois cents navires. Entre la ville,
formée de maisons en pierres, et le port, une rangée de casernes lui donne un aspect imposant. Ses rues sont droites et
bien pavées, ornées de trottoirs et de deux rangées d'arbres.
Sa principale église, l'amirauté, la douane, la bourse, le théâtre et l'hôpital civil sont de beaux édifices. Elle est défendue
par d'importantes fortifications. Sur l'esplanade qui domine
le port, on a élevé un monument à la mémoire du duc de Richelieu. Parmi les établissements d'instruction dont est pourvu
ce second Pétersbourg, on doit citer le lycée Richelieu, fondé
en 1818, et considéré comme une des meilleures écoles de
l'Europe; une école militaire, instituée par l'empereur Alexan-

Odessa, p. 78.

Kazan, p. 79.

dre; plusieurs écoles élémentaires où plus de douze cents enfants de diverses nations sont instruits, et un musée d'antiquités.

———

KAZAN.

La ville de Kazan est située sur les bords du Volga. L'on y compte cinquante mille habitants, quatre mille cinq cents maisons et cinquante-huit églises. Kazan a, comme Moscou, son kremlin ou kremi, et son audacieuse tour qui semble toucher les cieux. En arrivant devant une grande ville en Russie, un monument de ce genre est toujours le premier objet qui frappe les regards. A Kazan, c'est la tour de Soumbeka; elle est le plus ancien édifice de la ville telle qu'elle existe aujourd'hui. C'est le seul chaînon qui réunisse l'histoire de la Kazan tartare avec la Kazan russe, et c'est à ses pieds que viennent se grouper les plus mémorables souvenirs de la contrée. Plusieurs légendes sont accréditées sur cette tour. Les unes ne font remonter son origine qu'après la prise définitive de Kazan par Ivan IV, en 1552. Elles assurent que ce prince la fit bâtir avec les débris des Métchets, en actions de grâce de sa victoire, et comme une sorte de dérision à ses ennemis vaincus. D'autres veulent que ce soient les restes du palais des souverains tartares; et d'autres encore la prennent pour une mosquée que la célèbre et belle Soumbeka fit construire pour y enterrer son époux; elles ajoutent même que ce fut là, près de son tombeau, que le peuple kazanais vint la chercher pour la livrer aux Russes. Cette dernière légende est la plus populaire à Kazan, c'est celle qui a donné le nom à la tour, et, selon moi, c'est aussi celle qui me paraît la plus vraisemblable.

L'église que fit bâtir Ivan IV, après la prise Kazan, et que nous remarquons près de là, n'a plus aucun rapport avec la tour de sa mosquée. Cette tour est entièrement en briques, et bâtie avec une perfection toute romaine; elle est carrée, à plusieurs étages, et sa flèche svelte, élégante, s'élève majestueusement dans les airs. C'est, en ce genre, la plus haute tour en pierre que l'on connaisse. Vous trouvez bien en Orient des aiguilles aussi élevées, mais il est à remarquer qu'elles sont toujours terminées par un long morceau de fer-blanc ou fer battu. En entrant dans cette tour, on se trouve sous une voûte magnifique; quatre ouvertures ou espèces de portes cintrées sont percées aux extrémités de la voûte, à cinq ou six pieds au dessus du sol ; et en y atteignant, on y reconnaît quatre escaliers qui mènent à tous les étages de la tour. Cette tour et la mosquée qui en dépend, sont presque entièrement abandonnées, et pourtant jusqu'ici elles ont peu souffert du temps. Les herbes et les ronces y croissent de toutes parts, mais le vieux ciment tartare résiste à la négligence du vainqueur, et les deux monuments doivent être encore pour longtemps le plus bel ornement de Kazan. Cette tour majestueuse porte tristement à son faîte l'histoire de la destinée de la ville. Un globe, que l'on dit en or massif, est écrasé sous l'énorme serre de l'aigle à deux têtes : l'empire tartare soumis à l'empire russe ! ! !

Le kremi de Kazan est une forteresse carrée entourée d'un fossé et d'une épaisse muraille flanquée de douze tours. Il renferme la grande cathédrale, bâtie en 1552 par Ivan IV; elle est surmontée d'une coupole dorée. On conserve dans cette église l'image de Notre-Dame de Kazan, et les reliques de St-Gourii, premier évêque du diocèse. C'est dans le kremi qu'est le célèbre couvent des moines *Spasso-Preobajenskoi*, fondé en 1555. Quatre églises y sont renfermées, ainsi que la cathédrale dite de la Mère de Dieu, qui passe pour la plus belle église de la ville. Sa construction est de 1808.

FORTERESSE RUSSE DE SMOLENSK.

Au seizième siècle, c'était chose rare en Russie qu'une ville murée de pierre. On lit dans Margeret : « Tous leurs chasteaux et leurs forteresses sont de bois, excepté Smolinski, le chasteau de Ivano Gorod, les chasteaux de Toula, Casan, Astrican, Columna, Pontimel sur la frontière de Podolie, et la ville de Mosco. » Smolensk passait donc pour une ville très-forte. Ses fortifications furent réparées et augmentées sous Pierre-le-Grand; la ville devint une place de guerre formidable. Cependant, en 1812, l'armée française pénétra dans Smolensk. Le 16 mai 1812, le maréchal Ney parut devant cette ville. Les approches en étaient défendues par le général Bagration, avec son armée. L'investissement fut achevé le 17 au matin.

La ville de Smolensk est ceinte d'une muraille haute d'environ trente pieds, épaisse de dix-huit à sa base, d'un développement d'à peu près trois mille toises, et seulement percée de deux portes, l'une qui donne entrée aux routes de Krasnoë, de Matislaw et Jelnia, l'autre qui conduit au Dniéper. Vingt-neuf tours

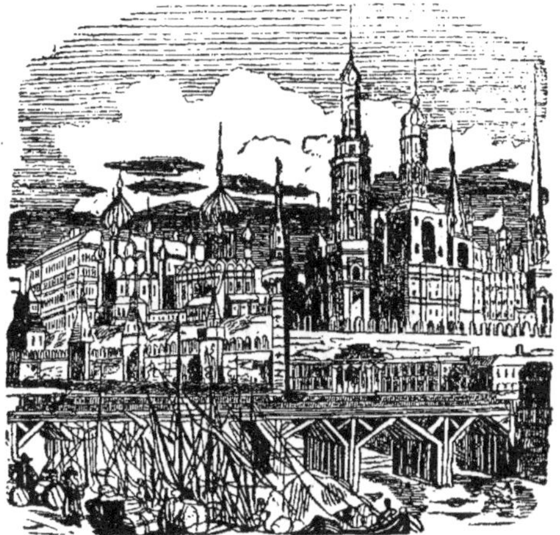

Le Kremlin (Moscou), p. 76.

Smolensk, p. 80.

de différentes dimensions sont placées irrégulièrement sur son contour. La partie supérieure de la muraille est découpée de manière à former de larges créneaux. Devant cette muraille règne un vieux fossé avec chemins couverts et glacis. Ce fossé n'existait pas dans la partie de la ville qui borde le Dniéper.

La porte de Krasnoë était couverte par une demi-lune en terre, et flanquée par un vieux bastion également en terre, situé à gauche. A droite, environ à quatre cents toises, se trouvait la citadelle, qui interrompait la continuité de la muraille. C'était un polygone régulier formé de cinq bastions construits en terre; elle n'avait pas été palissadée et pouvait être enlevée de vive force, ce qui eût entraîné la prise de Smolensk. Vers deux heures de l'après-midi, Napoléon ordonna d'attaquer sur toute la ligne. Murat rejeta bientôt la cavalerie ennemie dans la place, et Poniatowski, marchant par la droite, vint s'appuyer au Dniéper. Sur ce point était un plateau élevé, très-rapproché du fleuve : on y établit une batterie de soixante bouches à feu, avec laquelle on tira sur les masses de troupes qui se montraient sur la rive opposée et sur le grand pont.

Devant la citadelle, le combat n'amenait aucun résultat; les Russes se maintenaient dans leurs positions. Le premier corps, placé devant les faubourgs qui se trouvaient de chaque côté de la porte de Krasnoë, était chargé de les enlever. Malgré la vigoureuse résistance de l'ennemi, Davoust s'en empara. Ses troupes franchirent les glacis, les chemins couverts et les fossés ; mais leur impétuosité venait échouer contre les murs de Smolensk.

Voyant l'impossibilité d'enlever la place de vive force, l'empereur ordonna de s'approcher des murailles avec une batterie de trente-six bouches à feu, et de les battre en brèche; mais les pièces étaient d'un calibre trop faible, et la hauteur seule des murailles annonçait une épaisseur à laquelle on ne pouvait faire brèche de cette façon.

D'un autre côté, on avait établi, sur le prolongement des chemins couverts, une batterie qui lança dans Smolensk des obus qui y mirent le feu. Cependant le combat ne cessa qu'à la fin du jour : la ville était en feu.

Barklay, voyant la position désespérée, fit évacuer Smolensk à une heure après minuit, et repassa la rivière. A deux heures, les grenadiers qui montèrent à l'assaut ne trouvèrent plus de résistance.

La bataille de Smolensk coûta aux Russes 4,700 hommes restés sur le champ de bataille, et 7 à 8,000 blessés. Parmi les morts se trouvaient cinq généraux.

TURQUIE.

CONSTANTINOPLE.

Constantinople, autrefois *Konstantinou-Polis*, puis *Estamboul*, occupe un promontoire triangulaire, partagé en sept collines que baignent au sud les flots de la mer de Marmara, et que limite au nord un petit golfe formant un port où douze cents vaisseaux trouvent un mouillage sûr. Son enceinte a près de cinq lieues et demie de tour.

Au premier aspect, l'œil est charmé en approchant de Constantinople; mais, une fois entré dans ses murs, on cesse d'être enchanté. Ses rues étroites, mal pavées, sont bordées de maisons simples, mais propres et petites, dont la construction en bois rend les incendies fréquents et terribles. Le quartier du Fanar est habité par les Grecs, habitués à ramper et à s'avilir pour de l'or. Le faubourg d'Aïoub, qui doit son nom au beau mausolée élevé par Mahomet II à Aïoub, porte-étendard du prophète, renferme la fameuse mosquée où l'on conserve plusieurs reliques de Mahomet, et le sabre dont l'émir ceint le sultan à son avénement au trône. Le *Saraï* ou *Sérail* se compose d'un mélange irrégulier de pavillons, de prisons, de casernes et de jardins. L'église *Sainte-Sophie*, dont la coupole a servi de modèle à toutes celles qui ont été construites depuis en Italie, est un monument de l'empereur Justinien: il n'a dû sa conservation qu'à sa transformation en mosquée. Elle est flanquée de quatre minarets. Parmi les autres temples consacrés au culte mahométan, on doit citer la mosquée du *sultan Achmet*, située sur la place de l'Hippodrome; celle du *sultan Soleyman*; celle de la *sultane Validé*, fondée par la sultane mère de Mahomet IV; enfin celle du *sultan Osman*, qui surpasse les autres par l'élégance et la régularité de son architecture. L'*Hippodrome*, commencé par Sévère et terminé par Constantin, est aujourd'hui une place publique appelée *Et-Meïdan* ou *At-Meïdani*, au milieu de laquelle s'élève encore l'obélisque égyptien qui le décorait et dont le piédestal en marbre blanc est orné de bas-reliefs en l'honneur de Justinien; non loin de là se trouve la colonne aux trois serpents qui servit de support au célèbre trépied du temple de Delphes. Le château des *Sept-Tours*, situé sur le bord

Vues de Constantinople, p. 83.

de la mer, n'est qu'une faible citadelle où l'on renferme des prisonniers d'Etat.

Le port de Constantinople est un des plus vastes et des plus commodes que l'on connaisse; son entrée est éclairée par deux phares et défendue par des forts; il sépare la ville des faubourgs de Péra, de Galata et de Kassim-pacha. Dans le premier sont les palais des ambassadeurs et les maisons des Francs; le second, entouré de murailles et de fossés, renferme les magasins des marchands et des négociants. L'arsenal, les chantiers de construction, le palais, ou plutôt le fort qu'habite le capitan-pacha, et le bagne, font partie du faubourg de Kassim-pacha.

Cette cité, dont la population ne peut pas être évaluée à moins de six cent mille âmes, renferme plus de deux cents mosquées, trois cents chapelles, trois cents bains publics, trente-cinq églises, six couvents catholiques, dix-huit bazars, huit cents fontaines et plus de quatre-vingt-dix mille maisons. Les bains de Constantinople sont les plus splendides qu'il y ait au monde.

Le premier édifice qui se montre en entrant, par l'échelle de Balouk-Bazar, c'est la douane Turque, bâtie de bois; puis le marché au poisson; le bâtiment où se pile le café n'est pas éloigné du marché; le café ne se vend jamais que pilé à Constantinople et très-mélangé; c'est le pays où on le prend le plus mauvais et en plus grande abondance.

On trouve, en se dirigeant vers le sérail, la chapelle funéraire de Sélim III; puis l'immense palais du grand-vizir; on appelle ce palais la *Sublime-Porte;* près de là est le terrible *Babi-Hamaïoun*, qui voit les exécutions journalières des victimes du despotisme.

A quelque distance de ce lieu, on trouve l'*Estaminet Turc*, recherché de tous les habitants les plus considérables de la ville, le *café Anglais* de Constantinople.

Le Turc, indifférent à tout, voit brûler sa maison avec autant de sang-froid qu'il en a mis à l'élever à grands frais. Dans les maisons, presque toutes bâties en bois, on trouve des bains de marbre, des draperies dorées, des richesses répandues çà et là sur des meubles quelquefois vermoulus. Rien n'est soigné avec harmonie dans l'Orient; le Musulman aura une pipe de grand prix entre les mains, assis sur un carreau sale et dur; son coucher, jeté au hasard sur le plancher ou sur un mauvais sopha, n'est fait ni de nos doux édredons, ni de nos moelleux matelas, ce que nous appelons un grabat ferait le meilleur lit des Musulmans.

Ce peuple calme est étranger aux querelles vaillantes; ainsi le duel et le suicide sont pour eux des êtres de raison. La police, si difficile à exercer dans les grandes villes, et qui a tant de peine à réprimer les crimes, n'a que faire à Constantinople. Mais le Musulman, qui n'est ni colère ni emporté, est rusé, fin et dissimulé; lorsqu'il veut obtenir une grâce, il a recours, pour séduire le seul homme qui les dispense, le grand-vizir, aux flatteries, aux politesses, aux fausses protestations; mais le Musulman, qui ne se permet pas, par orgueil, le jeu d'aucun instrument, qui méprise la danse, qui dédaigne l'adresse dans les exercices, à qui la chasse est inconnue, et qui ne se sert du cheval que pour se transporter lentement et gravement là où il a besoin d'aller, et non pour faire assaut de légèreté avec son coursier; le Musulman, dis-je, ne pouvant mettre d'amour-propre dans les talents qu'il n'a pas et qu'il ne veut pas avoir, est étranger encore au défaut de la vanité, défaut si commun parmi les hommes civilisés. La naissance, si bien faite pour exalter l'orgueil des familles nobles chez la plupart des hommes, n'existe pas parmi les Musulmans; ceux-ci ne connaissent que leur père, mais ils le chérissent, le soignent vieux ou malade, ce père qui ne descend jamais d'aucune race dont l'histoire *a dû conserver le nom et le souvenir.* Sans doute cette circonstance est favorable à la simplicité des mœurs, mais elle l'est aussi au mépris de la gloire.

Le Musulman aime et respecte sa patrie; un prisonnier préfère mourir plutôt que d'aller ailleurs chercher la liberté. Du reste, il y a peu de temps encore, l'instruction et les livres pénétraient difficilement dans ces contrées. On cite la réflexion d'un de ses ambassadeurs, qui prouve en lui une âme autant élevée qu'une tête peu meublée de la science géographique; à l'occasion du tombeau de Napoléon, il disait qu'il ne concevait pas que les Français ne fussent pas allés chercher, *à pied ou à cheval*, ce tombeau du grand homme à Sainte-Hélène.

Le Musulman a l'air fier et noble, son costume ajoute à la dignité de son port et de ses traits. Les rapports des étrangers avec ces hommes doux et calmes sont un échange de bienveillance réciproque; l'hospitalité y est exercée comme un devoir, c'est-à-dire sans exaltation, mais accompagnée de douceur et d'intérêt.

En Turquie, il est une coutume qui révolte la délicatesse de nos Françaises : c'est la loi qui permet à plusieurs femmes de prendre place dans le même ménage. Les Musulmanes s'arrangent pourtant très-bien de cette loi. Il est vrai que le mari de plusieurs femmes, à Constantinople, les traite toutes ensemble beaucoup mieux que ne le fait quelquefois à Paris l'époux d'une seule. Le Musulman est doux et affectueux pour ses compagnes; la femme est à ses yeux le plus beau présent qu'ait fait la Divinité aux hommes, le plus grand des biens qu'il peut acquérir ; aussi, dans cet heureux pays, pour les familles qui possèdent de jeunes et belles filles, le cruel *sans dot* n'attriste pas les cœurs.

GRÈCE.

ATHÈNES.

Athènes présente l'image d'une ville morte et d'une ville qui renaît de ses ruines. Les anciens monuments sont cependant les seuls qui excitent l'intérêt.

Le temple de Minerve était un simple parallélogramme allongé, orné d'un péristile, d'un portique, et élevé sur trois marches qui régnaient tout autour. Le portique occupait à peu près le tiers de la longueur totale de l'édifice (deux cent dix-huit pieds); l'intérieur du temple se divisait en deux nefs séparées par un mur, et qui ne recevaient le jour que par la porte; dans l'une on voyait la statue de Minerve, ouvrage de Phidias: dans l'autre on gardait le trésor des Athéniens. Des morceaux de sculpture occupaient les deux frontons du temple; les offrandes votives, ainsi que les boucliers enlevés à l'ennemi dans le cours de la guerre Médique, étaient suspendus en dehors de l'édifice.

Tel était ce temple, qui a passé à juste titre pour le chef-d'œuvre de l'architecture chez les anciens et chez les modernes. L'harmonie et la force de toutes ses parties se font encore remarquer dans ses ruines. Qu'il y a loin du Parthénon, avec son économie d'ornements, son heureux mélange de simplicité et de grâce, à notre profusion de découpures, à nos colonnes guindées sur d'énormes bases, ou à nos portiques écrasés! Après leur harmonie générale, leur rapport avec les lieux et les sites, et surtout leurs convenances avec les usages auxquels ils étaient destinés, ce qu'il faut admirer dans les édifices d'Athènes, c'est le fini de toutes les parties. L'objet qui n'est pas fait pour être vu, y est travaillé avec autant de soin que les compositions extérieures; la jointure des blocs qui forment les colonnes du temple de Minerve est telle, qu'il faut la plus grande attention pour la découvrir, et qu'elle n'a pas l'épaisseur du fil le plus délié. Les rosaces, les moulures, tous les détails des édifices offrent la même perfection; des découpures en ivoire ne

seraient pas plus délicates que les ornements du temple d'E-
rechtée ; les cariatides du Pandroséum sont des modèles.

Athènes est remplie d'ouvrages prodigieux. Les Athéniens
ont remué des masses gigantesques ; les pierres du Pnyx sont
de véritables quartiers de rochers ; les dalles de marbre qui
couvraient les Propylées étaient d'une dimension telle, qu'on
n'en a jamais vu de semblables ; la hauteur des colonnes du
temple de Jupiter olympien passe peut-être soixante pieds, et le
temple entier avait presque un quart de lieue de circonférence.
Les murs d'Athènes, en y comprenant ceux des trois ports et
les longues murailles, s'étendaient sur un espace de près de
neuf lieues ; les murailles qui réunissaient la ville au Pirée
étaient assez larges pour que deux chars y pussent courir de
front, et, de cinquante en cinquante pas, elles étaient flanquées
de tours carrées. On ne peut se lasser d'admirer les vieux monuments d'Athènes. Ici se trouve le temple de Thésée, le rocher
de l'Aréopage ; là, la prison de Socrate et la tribune aux harangues taillée dans le roc. Le temple de Thésée, si bien conservé,
si élégant, si parfait dans son ensemble, dit combien les Athéniens étaient susceptibles de sentiments nobles, d'enthousiasme
patriotique. Voici quelle fut l'origine de ce temple : le bruit se
répand qu'on a vu l'ombre de Thésée combattre dans les rangs
de l'armée grecque contre les Perses ; le fils de Miltiade apporte
d'une île voisine les ossements du héros à qui Athènes devait
sa première puissance, et la nation lui élève un temple embelli
par les arts. Puis la tribune du Pnyx ne rappelle-t-elle pas
l'époque où une immense multitude, troublée par la crainte de
voir ses foyers envahis, écoutait là, sur cette place maintenant
déserte, les immortelles harangues de Démosthènes ? La grotte
ou prison qui vit mourir Socrate, victime de l'injustice de ses
concitoyens, est à cent pas du Pnyx. Ces chefs-d'œuvre, que
l'on vient admirer de si loin, doivent en partie leur destruction
aux modernes. Le Parthénon subsista dans son entier jusqu'en
1687 ; les chrétiens le convertirent d'abord en église, et les
Turcs, par jalousie des chrétiens, le changèrent à leur tour
en mosquée. Il fallut que les Vénitiens vinssent, au milieu des
lumières du xviie siècle, canonner les monuments de Périclès ;
ils tirèrent à boulets rouges sur le temple de Minerve ; une
bombe enfonça la voûte, mit le feu à des barils de poudre, et fit
sauter en partie l'édifice. La ville étant prise, Morosini, dans le
dessein d'embellir Venise des débris d'Athènes, voulut descendre les statues du fronton du Parthénon : il les brisa.

Athènes, nouvelle capitale de la Grèce régénérée, n'était
qu'un amas de pierres en 1830 ; elle présente aujourd'hui un
aspect animé ; les rues sont garnies de boutiques, la plupart

tenues par des Grecs, quelques-unes par des Français. Il y a à peine quelques années qu'il eût été difficile d'y trouver la moindre ressource; on y voit actuellement un marché abondant, des cafés, des hôtels. La cité d'Athènes s'accroît tous les jours. La reconstruction de la ville a été d'une rapidité étonnante; on n'a pas cessé de bâtir depuis l'année 1835; il n'y avait auparavant qu'une quarantaine de maisons parmi les décombres. Pourtant Athènes, qu'on a tant de fois essayé de tirer de sa poussière, offre encore en ce moment l'image d'une ville qui naît à peine; rien n'y est achevé; une jolie maison est à côté de pans de murs écroulés; on est surpris de rencontrer, au milieu d'une rue récemment construite, une masse de vieilles masures habitées par de pauvres familles grecques. A chaque pas ce sont des bouts de rues, puis d'autres rues sans symétrie formées de petites boutiques construites en bois. Jusqu'à présent Athènes n'est qu'un mélange de ruines et de maisons neuves. Il n'y a que deux rues bien alignées : elles se coupent à angle droit; l'une porte le nom d'Eole, elle partage la ville en deux et va aboutir à la tour des Vents qui est au pied de l'Acropolis; l'autre rue est la rue d'Hermès, qui commence à l'entrée du Pirée.

Athènes est encore une espèce de labyrinthe, où l'on a pour se retrouver le rocher de l'Acropole qu'on aperçoit de toutes parts, quelques édifices antiques et d'assez jolies églises bysantines dispersées dans la ville. A travers cette confusion, on rencontre un bazar organisé comme celui d'une ville turcque, et l'on voit, comme à Paris, une circulation d'omnibus; un chemin de fer qui doit promptement s'achever contribuera à entretenir une grande activité dans le port du Pirée.

CORINTHE.

Corinthe, ville si ancienne et si puissante par ses richesses et ses colonies, fut renversée de fond en comble par les Romains, commandés par Mummius, qui vendit ses habitants à l'encan. Tous les naturels du pays avaient disparu, quand Pausanias visita Corinthe, car Auguste, qui la restaura à cause de l'avantage de sa position, y avait établi une colonie de vétérans et d'affranchis. Cependant sa splendeur surpassait encore celle de toutes les autres places de la presqu'île. Depuis le IIe siècle, Corinthe n'éprouva que des désastres. On la voit pillée en 261 par les Hérules, qui saccagèrent Argos et Sparte. En 395, elle éprouva la fureur des hordes d'Alaric, et Stilicon, en

Athènes.

Corinthe, p. 89

délivrant la province des barbares, lui porta un coup fatal. Exposée aux incursions des Scytho-Slaves, elle avait été délivrée de leur joug, quand elle fut cédée, après la prise de Constantinople, aux Vénitiens, qui y soutinrent des siéges contre Roger, premier roi de Sicile, et Jacques d'Avannes, lieutenant du marquis de Boniface.

Après tant de révolutions, il n'est pas étonnant qu'on se demande où est Corinthe, quand on est déjà au milieu des quelques maisons qui la composent.

Le point qui le premier attire les regards, est l'Acropole. Son élévation, que Strabon estime à trois stades et demie de hauteur perpendiculaire, est enveloppée, au couronnement, d'un rempart bastionné et crénelé, circonscrit par une enceinte beaucoup plus ancienne, formée d'assises de maçonnerie pélasgique. Le chemin qui conduit à la forteresse, dans une étendue sinueuse d'un très-grand développement, peut être battu dans tous ses détours par l'artillerie de l'Acropole. C'est dans l'intérieur que se trouve la fontaine *Pirène*, aujourd'hui *Source du Dragon*. Plusieurs temples étaient sur le bord de ce chemin. Quelques pins et des cyprès épars à la base occidentale de l'Acro-Corinthe, paraissent rappeler le souvenir du bois Cranaé, consacré à Bellérophon et à Vénus Mélanie (la brune), qui y avait un temple dont les colonnes ornent maintenant une mosquée. C'est encore de ce côté qu'on montrait le tombeau de Laïs.

A peu de distance au nord-ouest, est un grand temple d'ordre dorique, qu'on dit être celui du soleil. Les restes de cet édifice se composent encore de sept colonnes cannelées, d'ordre dorique, avec une partie de leurs architraves, et elles doivent être de la plus haute antiquité, puisqu'il leur manque presque la moitié de la hauteur pour être dans la proportion requise avec leur diamètre. A quelques pas est un caveau funéraire creusé dans le roc. Près de la porte Ténée on remarque les soubassements de deux grands édifices. Prenant le chemin de Sycione, on arrive à un ravin creusé par les eaux des torrents qui se rendent au Léché; là est un puits peu profond et d'une eau excellente, qu'on dit être la fontaine à laquelle Glaucé donna son nom, en s'y précipitant pour se dérober aux enchantements de Médée. Une tradition populaire attribue deux tombeaux voisins aux enfants de Médée. A environ deux cents toises au nord, on reconnaît les assises de la Cella, d'un édifice qui présente une base de deux cent soixante pieds de longueur. On aperçoit encore quelques tambours en pierre *parique*, du diamètre de six pieds, qui formèrent des colonnes cannelées, autrefois enduites de stuc; c'était le temple de Minerve Chalinitis. A un temple attenant, qui dut être celui de Jupiter *Coryphée*, on voit les bases de plusieurs autres colonnes de trois pieds et demi de diamètre. Enfin, non loin de là, des pans de murs en briques font deviner l'emplacement du théâtre.

A cent cinquante toises au nord-est du théâtre, on a trouvé une grande quantité de colonnes qui marquent l'emplacement du gymnase, qui dut être un édifice considérable. Il était à peu de distance de la fontaine de Lerne, dont l'aspect présente, quoique en petit, quelque analogie avec la fontaine de Vaucluse.

La topographie de Corinthe est tracée avec une telle précision par Strabon, et ses monuments sont si bien décrits par Pausanias, que c'est de toutes les villes de la Grèce la plus facile à revivifier par des études archéologiques.

La moderne Corinthe, que les Grecs appellent Gortho, se compose de trois cent soixante-dix-sept maisons, disséminées par groupes au milieu des champs labourés et sur le chemin qui conduit à la citadelle. Les intervalles sont remplis et à de grandes distances par les minarets des mosquées, qui s'élèvent comme des obélisques entourés de cyprès. La ville, divisée par des champs couverts de moissons, présente l'aspect de plusieurs grosses fermes entourées de leurs métairies.

Vue de Mahé, p. 91.

MALTE.

Dans l'ère mythologique, Malte fut, selon les uns, le séjour d'une famille de Titans; et, selon les autres, le royaume de cette Calypso à laquelle Homère et Fénélon ont donné réellement l'immortalité dont ils la disaient douée. Plus tard, à cette époque de fictions et de vérités, qui sert de transition entre la fable et à l'histoire, une colonie de Phéniciens chassa Calypso et les Titans, et fit de Malte un point de ralliement pour les innombrables vaisseaux que ces Anglais de l'antiquité promenaient sur toutes les mers. Plus tard encore, vers ces temps où les annales de l'humanité commencent à prendre un caractère authentique, l'île fut successivement possédée par les Grecs, les Romains et les Carthaginois. Ce fut alors que l'apôtre saint Paul, jeté sur ses côtes par un naufrage dont les Maltais conservent encore la tradition, y introduisit le christianisme. Les Goths l'occupèrent ensuite ; enfin, au moyen âge, elle passa des Siciliens aux Arabes, des Arabes aux Français-Normands, rois de Sicile, et des Français aux Espagnols. L'île avait donc déjà, sous les noms d'*Hypéria d'O-gigée*, de *Mélite* et de *Malte*, une vieille et éclatante célébrité, lorsque l'empereur Charles-Quint la céda en 1530 aux chevaliers de Saint-Jean de Jérusalem, qui erraient de rivage en rivage depuis qu'ils avaient été chassés de l'île de Rhodes, *ce nid de vautours*, comme l'appelaient les Turcs. Les chevaliers ne tardèrent pas à faire revivre pour leur nouvelle patrie ce glorieux surnom, et bientôt, les vautours de Malte, c'est-à-dire, en langage moins poétique, ses corsaires, eurent causé tant de ravages dans les flottes musulmanes, que Soliman, jurant par sa tête d'en finir avec ses ennemis opiniâtres, de les écraser dans leur repaire, dirigea contre eux un formidable armement. Défendue par sa population courageuse, par quelques centaines de chevaliers, et surtout par l'héroïque grand-maître de l'Ordre, Jean Parisot de La Valette, Malte opposa une résistance victorieuse. Après quatre mois d'un siége où l'attaque et la défense épuisèrent toutes les ressources de l'art, les Turcs, qui avaient perdu plus de vingt-cinq mille hommes et lancé plus de soixante mille boulets, dont quelques uns pesaient trois cents livres, se rembarquèrent honteusement. La cité La Valette, élevée sur les ruines de l'ancienne ville, est encore un monument de ce triomphe, auquel toute l'Europe chrétienne s'associa par sa joie et son admiration. Ce fut alors aussi que les chevaliers de Saint-Jean de Jérusalem, confondant leur gloire avec celle de leur île, prirent le nom de chevaliers de Malte.

Pendant longtemps encore, ils soutinrent leur réputation et continuèrent à bien mériter des puissances qui naviguaient dans la Méditerranée. Mais lorsque la déchéance de l'empire ottoman et son admission dans le droit commun de l'Europe les eut réduits, en leur enlevant l'ennemi qui stimulait leur courage, à n'avoir plus que des pirates à combattre ; lorsque leurs richesses considérablement augmentées, les eurent amollis, l'ordre se corrompit. Inutile et dégénéré, il n'excitait plus aucune sympathie en Europe, quand Bonaparte, dans sa route vers l'Egypte, le détruisit en passant (1798). Soit que les négociations eussent préparé les voies, soit que l'esprit des d'Aubusson, des Villiers de l'île Adam, des Parisot de La Valette, ne les animât plus, les chevaliers de Malte se laissèrent déposséder presque sans coup férir, Et cependant, leur ville était si forte que le général français Cafarelli-Dufalga s'écria qu'il était heureux qu'on y eût trouvé quelqu'un pour en ouvrir les portes, car autrement on n'y serait jamais entré. La destruction de l'ordre ne fut point fatale à l'île de Malte ; elle acquit, au contraire, une nouvelle importance à la suite de ce changement de maîtres, qui, en la faisant française, au moment où une lutte ardente s'engageait entre la France et l'Angleterre, la devait rendre le théâtre de quelqu'un de ces grands événements, que la Méditerranée et ses rives allaient voir s'accomplir. Le siége que les Français y soutinrent contre les Anglais fut en effet un des plus glorieux épisodes de cette expédition d'Egypte, si riche en beaux faits d'armes, et le nom du général Vaubois, comme celui de Parisot de La Valette, doit occuper une place d'honneur dans les fastes de la guerre. Au siége de 1565 avait éclaté le courage actif qui repousse les assauts; au siége de 1800, se déploya une vertu militaire peut-être plus admirable encore, la constance passive qui résiste à la famine.

Renfermés dans la cité La Valette, bloqués du côté de la terre par les Maltais révoltés, du côté de la mer par une flotte anglaise, voyant successivement tomber au pouvoir de l'ennemi les renforts que leur envoyait la France, décimés par le fer, le feu, la maladie et la faim, quatre mille hommes conservèrent pendant plus de deux années (de mai 1798 en septembre 1800) le poste qui leur était confié. Ils rejetaient si loin dans l'avenir, malgré leur misère présente, la pensée d'une capitulation, qu'ils entreprenaient des travaux dont les fruits devaient se faire longtemps attendre. Ainsi, ils avaient trans-

Rue Sainte-Ursule, à La Valette, 93.

formé les fossés de la place en jardins, en basses-cours, et Malte se souvient encore avec admiration des machines hydrauliques qu'inventa la garnison pour faire arriver de l'eau dans ses plantations, comme aussi des excursions qu'elle tentait dans l'île, soit pour chercher de la terre végétale, soit pour rapporter des fourrages aux innombrables lapins dont elle avait peuplé la citadelle. En même temps, afin de soutenir et de distraire le moral de ses soldats, le général Vaubois avait organisé une troupe de comédiens et fait disposer une salle de spectacle ! Ce fut sur ce théâtre improvisé que Nicolo Isouard révéla pour la première fois ce talent gracieux qui devait plus tard charmer Paris. Malgré tous ces efforts de défense, le moment arriva enfin où une plus longue résistance eût cessé d'être de l'héroïsme pour devenir de la barbarie, et le général Vaubois accéda à une honorable capitulation, qu'il avait déjà plusieurs fois refusée. Plus de la moitié de la garnison avait succombé ; le pain, le bois et les médicaments manquaient absolument. Le général, pour ménager ses dernières ressources, ayant fait sortir les habitants de la ville, et l'ennemi les ayant reçus à coups de fusil, la garnison, touchée de pitié, demanda que les portes leur fussent ouvertes, et s'engagea à partager avec eux les chétives provisions qui leur restaient.

Indépendamment de ces illustrations historiques, l'île de Malte se recommande encore à la curiosité par les nombreuses traces qu'y ont laissées après eux les différents peuples par lesquels elle a été possédée tour à tour. Le plus intéressant de ces monuments de l'antiquité est la vieille ville, où se conservent réunis et confondus des débris phéniciens, des vestiges grecs et romains et des édifices arabes.

La Valette est une ville très agréable ; la vie y est douce et moins chère qu'en Italie ; les amusements y sont variés ; on trouve un club pour les étrangers, l'opéra s'ouvre trois fois l semaine, d'excellents dîners, des parties de campagne à cheval. Si le climat n'est pas agréable, il est salubre.

La prospérité de l'île de Malte, qui a déjà considérablement augmenté depuis qu'elle appartient à l'Angleterre, ne pourra manquer de s'accroître davantage de jour en jour. Elle tend à devenir le centre de la navigation par la vapeur, qui, d'ici à peu d'années, sillonnera la Méditerranée, rattachant la France et l'Italie aux côtes de l'Égypte, de la Turquie et de la Grèce. Déjà l'augmentation des voyageurs donne de l'occupation à cinq ou six hôtels. Quiconque veut parcourir l'Orient doit prendre Malte pour première étape ; là on trouve des facilités sans nombre pour se transporter partout où l'on désire, soit au moyen des paquebots, soit par des bâtiments marchands ou des vaisseaux de la marine royale. Un ambassadeur allant à Constantinople ou en Perse, ou qui en revient, s'arrête à Malte.

ILES GRECQUES DE L'ARCHIPEL.

La Grèce est de tous les pays celui qui présente le spectacle le plus imposant, le plus varié; sur ce sol où s'élevaient autrefois des villes florissantes, où s'agitaient des nations guerrières et éclairées, l'on voit aujourd'hui des monuments qui rappellent de grandes actions, des marbres, des bronzes qui retracent des héros ou des dieux; dans la Grèce, l'art et la nature réunis semblent avoir essayé tout ce que leurs efforts peuvent produire. Quels que soient les changements que lui aient fait éprouver la marche des siècles et l'aveugle despotisme des Turcs, on y trouve toujours des objets intéressants par eux-mêmes et par le souvenir de ce qu'ils furent aux vieux temps; là, chaque monument, chaque débris transportent à trois mille ans l'imagination du voyageur, et le placent tout à la fois au milieu des scènes enchantées de la fable et des grands spectacles d'une histoire non moins féconde en prodiges.

Les îles de l'archipel étaient divisées par les anciens en Cyclades et en Sporades. Les Cyclades, comme l'indique leur nom, se groupent en cercle autour de Delos. Dans cette partie de la Méditerranée, à l'ouest de la Grèce et au sud de la mer Adriatique, nommée mer Ionienne, parce qu'elle baignait les côtes du Péloponèse que les Ioniens étaient venus habiter, on trouve au nord-est, et près de Céphalonie, la petite île d'Ithaque. Sur l'un des nombreux rochers qui couvrent le sol, s'élevait jadis la ville d'Ithaque, capitale du royaume d'Ulysse.

Ithaque, p. 94.

CORFOU.

Corfou est la plus importante des îles qu'on a réunies dans un état particulier, protégé par l'Angleterre, sous le nom de *République des îles Ioniennes*. Siége du gouvernement, Corfou est en quelque sorte la clef de la mer Adriatique; elle a toujours été d'une grande importance politique et commerciale. Son premier nom fut Drépanée; elle a porté ensuite celui de Corcyra. Sur la fin du quatorzième siècle, elle tomba au pouvoir des Vénitiens qui la conservèrent jusqu'à la paix de Campo-Formio, en 1797, époque où elle fut cédée aux Français qui l'avaient prise pendant la guerre. En 1799, les flottes combinées des Russes et des Turcs la soumirent et la réunirent aux autres îles Ioniennes, qui formèrent alors une république; elle rentra plus tard sous la domination de la France jusqu'en 1814, où elle se rendit aux forces des Anglais.

La ville de Corfou n'est ni belle, ni bien bâtie; elle se compose de trois parties distinctes : la ville, la citadelle et les faubourgs; mais c'est une place de guerre très-forte, protégée par un système formidable de fortifications, dû presque en totalité aux Français; longtemps considérée comme le boulevart de l'Italie contre les Musulmans, Corfou se défendit plusieurs fois contre les Turcs et les força à la retraite; ses principaux édifices sont le palais du gouverneur, les églises de Saint-Spiridion et de Marie-Spiliotissa. On a découvert récemment près de cette ville les ruines d'un temple antique qu'on suppose avoir été consacré à Neptune ou à Bacchus

JÉRUSALEM.

Jérusalem fut fondée l'an du monde 2023, par le grand-prêtre Melchisédech; il la nomma *Salem*, c'est-à-dire la Paix; elle n'occupait alors que les deux montagnes de Maria et d'Acra. Cinquante ans après, prise par les Jébuséens, elle s'accrut d'une forteresse élevée sur le mont Sion à laquelle ils donnèrent le nom de Jébus, leur père. La ville prit alors le nom de Jérusalem, ce qui signifie *vision de paix*. Josué s'empara de la ville basse la première année de son entrée dans la terre promise. Les Jébuséens demeurèrent les maîtres de la ville haute et de la citadelle de Jébus. Ils n'en furent chassés que par David, huit cent vingt-quatre ans après leur entrée dans la cité de Melchisédech.

David fit augmenter la forteresse de Jébus et lui donna son nom. Il fit aussi bâtir sur la montagne de Sion un palais et un tabernacle, afin d'y déposer l'arche d'alliance. Salomon augmenta la cité sainte : il éleva ce premier temple dont l'Ecriture et l'historien Josèphe racontent les merveilles, et pour lequel Salomon lui-même composa de si beaux cantiques.

Dès la plus haute antiquité, Jérusalem ne le cédait en magnificence à aucune des villes de l'Asie. Jérémie la nomma *ville admirable*, à cause de sa beauté; David l'appelle la plus glorieuse et la plus illustre des cités d'Orient. Par la nature de sa législation toute religieuse, elle montra toujours un invincible attachement pour ses lois; mais elle fut souvent en butte au fanatisme de ses ennemis et de ses propres habitants. Ses fondateurs, dit Tacite, ayant prévu que l'opposition des mœurs serait une source de guerres, avaient mis tous leurs soins à la fortifier, et, dans les premiers temps de l'empire romain, elle était une des places les plus fortes de l'Asie.

Après avoir éprouvé un grand nombre de révolutions, elle fut renversée de fond en comble par Titus, et, selon les menaces des prophètes, ne présenta plus qu'une horrible confusion de pierres.

Jérusalem, p. 97.

Une population innombrable, que les fêtes de Pâques et la terreur des armes romaines avait rassemblée de toutes parts, encombrait Jérusalem, lorsque, du haut des triples murailles, elle vit flotter les étendards de Titus, l'exécuteur des arrêts que le Christ avait tout à l'heure prononcés contre elle. Pendant six mois, la peste, la famine, la guerre civile et la guerre étrangère sévirent contre cette cité avec une intensité dont l'histoire n'offre pas un autre exemple : jamais ces fléaux n'opérèrent une si épouvantable destruction de créatures humaines ! jamais tant d'assauts ne furent livrés et repoussés avec autant de fureur. Tour à tour assiégeants et assiégés, les Romains abandonnaient le mur qu'ils attaquaient pour défendre leurs propres ouvrages, que des sorties continuelles inondaient de Juifs. Une lutte si longue et si acharnée avait exalté les passions jusqu'à la démence. Titus lui-même commandait ou tolérait des exécutions atroces. On ne fit pas un prisonnier : pas une maison, pas un pan de muraille ne se rendirent par capitulation ; les trois enceintes, la ville basse, la tour Antonia furent enlevées d'assaut. Le second temple de Jérusalem, qu'Hérode avait bâti, fut pris d'assaut et livré aux flammes le jour même où, cinq cent quinze ans auparavant, tombait le premier temple de Jérusalem, le temple de Salomon ; et, malgré tous ces désastres, ce ne fut qu'un mois après que le fer et le feu achevèrent la conquête de la ville haute.

Onze cent mille hommes avaient péri. Jérusalem n'était plus qu'une ruine sur laquelle Titus, en pleurant, promenait la charrue.

L'empereur Adrien détruisit ensuite jusqu'aux ruines de la ville sainte, fit bâtir une nouvelle cité, et lui donna le nom d'Aelia-Capitolina, pour qu'il ne restât rien de l'ancienne Jérusalem. Les chrétiens, et surtout les juifs, en furent bannis ; le paganisme y éleva ses idoles : Vénus et Jupiter eurent des autels sur le tombeau même de Jésus-Christ. Au milieu de tant de profanations et de vicissitudes, les peuples de l'Orient et de l'Occident conservaient à peine le souvenir de la ville de David, lorsque Constantin lui rendit son nom, y rappela les fidèles, et en fit une cité chrétienne. Conquise ensuite par les Perses, reprise par les Grecs, elle était tombée enfin comme une proie sanglante entre les mains des Musulmans qui s'en disputaient la possession, et portaient tour à tour dans ses murs le double fléau de la persécution et de la guerre.

Longtemps en butte aux invasions de ces conquérants, tout à coup l'Occident se réveille et semble s'arracher de ses fondements pour se précipiter sur l'Asie. Tous les peuples abandonnent leurs intérêts, leurs rivalités, et ne voyent plus sur la terre qu'une seule contrée digne de leur ambition. On croirait qu'il n'y a plus dans l'univers d'autre ville que Jérusalem, d'autre terre habitable que celle qui renferme le tombeau de Jésus-Christ. Bientôt la désolation règne dans tout l'Orient, et les débris dispersés des empires marquent les chemins qui conduisent à la Cité sainte. Dans cet ébranlement général, on voit les plus sublimes vertus se mêler à tous les désordres des passions ; les soldats chrétiens bravent à la fois la faim, la soif, les fatigues, les maladies d'un climat nouveau, les armes des barbares ; dans les plus cruelles extrémités, au milieu de leurs excès et de leurs discordes sans cesse renaissantes, rien ne peut lasser leur persévérance et leur résignation. Enfin, après quatre ans de travaux, de misères et de victoires, Jérusalem est conquise par les croisés.

Tandis que l'Europe était épuisée pour cette guerre, la nature produisit un de ces accidents qui devraient faire rentrer les hommes en eux-mêmes, et leur montrer le peu qu'ils sont et le peu qu'ils se disputent. Un tremblement de terre renversa la plupart des villes de Syrie et de ce petit État de Jérusalem ; la terre engloutit en cent endroits les animaux et les hommes.

Au milieu de tant de ruines s'élevait le grand Saladin, Persan d'origine, du petit pays des Kurdes, nation toujours guerrière et toujours libre. Il conquit en peu de temps l'Egypte, la Syrie, l'Arabie, la Perse et la Mésopotamie. Saladin, maître de tant de pays, songea bientôt à conquérir le royaume de Jérusalem. De violentes factions déchiraient ce petit État et hâtaient sa ruine. Gui de Lusignan, couronné roi, mais à qui on disputait la couronne, rassembla dans la Galilée tous ces chrétiens divisés que le péril réunissait, et marcha contre Saladin.

Les deux armées restent quelque temps en présence. Bientôt un terrible combat s'engage, et trente mille chrétiens sont ou taillés en pièces ou faits prisonniers. Le lendemain, Saladin se dirigea sur Tyr, dont il abandonna momentanément le siége. « Je vais, dit-il, prendre la ville sainte, et lorsque le grand Dieu me l'aura livrée, nous reviendrons à Tyr. » De là, il marcha sur Ascalon, qui se rendit après quatorze jours de siége. Les autres villes se soumirent d'elles-mêmes. Enfin Saladin arriva aux portes de Jérusalem, qui était le but et la fin de son entreprise ; il en fit le siége et la prit le 2 octobre 1187.

Tout ce qui environne cette triste cité, qui a changé dix-sept fois de maître avant de rester aux mains des Turcs, se rattache à l'origine du christianisme, à la vie et à la mort de son divin fondateur. Au midi, c'est la profonde vallée de *Cédron* ou *Kédron*, arrosée par le torrent de ce nom ; près de là, le *mons Olivarum* ; vers le nord, ce sont les châteaux de *Bethania* et

Jérusalem, p. 92.

d'*Emmaüs*, où Jésus apparut à deux de ses disciples après sa résurrection, et où il fit un miracle en faveur de l'amitié, en rendant la vie au frère de Marthe et de Marie; au midi, c'est *Bethléhem*, où il vint au monde. N'oublions pas, sur les bords du Jourdain, *Jéricho*, que Moïse appelle la cité des Palmiers, dont Josué s'empara d'une manière si merveilleuse; *Hébron*, qui se vantait à tort de posséder le tombeau d'Abraham; et la plaine de *Mambré*, où ce patriarche dressa longtemps ses tentes; et *Joppé* ou *Japho*, le port des Hébreux sur la Méditerrannée, où abordèrent les vaisseaux chargés de marbre et de bois de cèdre envoyés par le roi de Tyr à Salomon pour la construction du Temple, où saint Pierre fit des miracles, et qui fut deux fois saccagée par les Romains.

Au temps des croisades, Jérusalem formait, comme aujourd'hui, un carré plus long que large, d'une lieue de circuit. Elle renfermait dans son étendue quatre collines : à l'orient, le *Moriah*, où la mosquée d'Omar avait été bâtie à la place du temple de Salomon; au midi et au couchant, l'*Acra*, qui occupait toute la largeur de la ville; au nord, le *Bezetha* ou la Ville-Neuve; au nord-ouest, le *Golgotha* ou le Calvaire, que les Grecs regardaient comme le centre du monde, et sur lequel s'élevait l'église de la Résurrection. Dans l'état où se trouvait alors Jérusalem, elle avait beaucoup perdu de sa force et de son étendue. Le mont Sion n'était plus enfermé dans son enceinte et dominait ses murailles entre le midi et l'occident; les trois vallées qui environnaient ses remparts avaient été, en plusieurs endroits, comblées par Adrien, et l'accès de la place était beaucoup moins difficile, surtout du côté du nord.

Aujourd'hui, de tous les monuments qui existaient au temps où Godefroy de Bouillon et les croisés étaient maîtres de Jérusalem, beaucoup ont disparu. Cependant Jérusalem n'est pas, comme on s'est plu à nous la représenter, un amas informe et confus de ruines; c'est une ville qui présente noblement aux regards ses murs intacts et crénelés, ses mosquées et leurs colonnades, ses milliers de dômes resplendissant aux feux du soleil, ses vieilles tours gardiennes de ses murailles, auxquelles il ne manque ni une pierre, ni une meurtrière, ni un créneau; et au milieu de cet océan de maisons et de dômes, on aperçoit le saint sépulcre et le Calvaire, confondus parmi les édifices qui les entourent. Il est difficile de se rendre compte ainsi de l'emplacement du Calvaire et de celui du sépulcre, qui, selon les idées que nous donne l'Évangile, devraient se trouver sur une colline écartée, hors des murs et non dans le centre de Jérusalem. Tel est l'aspect de la ville du haut de la montagne des Oliviers; cette montagne descend en pente brusque et rapide jusque dans le profond abîme qui la sépare de Jérusalem, et qui s'appelle la vallée de Josaphat, vallée célèbre dans les traditions des juifs, des chrétiens et des mahométans, qui s'accordent tous à placer dans ce lieu la terrible scène du jugement dernier.

La ville sainte est appelée par les Turcs *El-Kouds* ou *Beït-el-Mukaddes*. On estime le nombre de ses habitants à trente mille, demeurant dans des maisons en pierre à deux ou trois étages, surmontées de terrasses, éclairées par de petites lucarnes, et ressemblant plutôt à des prisons qu'à des habitations. Elle renferme plusieurs mosquées, dont la plus belle, appelée *mosquée d'Omar* et *Sakhra-Halah* ou la *roche sacrée*, occupe l'emplacement du temple de Salomon; on y compte sept synagogues. De ses quinze églises chrétiennes, la principale était encore, en 1811, celle du Saint-Sépulcre. Cet édifice irrégulier, commencé par l'évêque Macarius, sous le règne de Constantin, couvrait le Calvaire, monticule placé hors de l'enceinte de la ville antique, et formant à peu près le centre de la nouvelle Jérusalem. Son dôme avait été brûlé vers la fin de 1807; il fut rebâti six mois après. Un incendie le détruisit en 1811; mais en 1812 il fut reconstruit aux frais des moines grecs soupçonnés d'y avoir mis le feu. Il a environ cent pieds de longueur, sur soixante de largeur; la distribution en est si bien faite, que, malgré sa faible étendue, il renferme treize sanctuaires ou chapelles consacrées à l'un des mystères de la passion, de la mort et de la résurrection de Jésus-Christ, dont le tombeau est placé sous le dôme. Les autres églises appartiennent à différentes sectes anciennes, telles que celles des Grecs, des Arméniens, des Abyssins, des Cophtes, des Nestoriens, des Syriens, etc. Plusieurs milliers de pèlerins de toutes les communions chrétiennes visitent annuellement, dans l'église du Saint-Sépulcre, la petite chapelle au milieu de laquelle s'élève l'autel qui remplaça le tombeau du Sauveur du Monde. Ces visites forment un revenu assez considérable pour les Turcs, qui exigent de chaque pèlerin vingt-trois piastres pour sa première entrée et un para pour les suivantes; elles assurent en partie l'existence aux différents religieux renfermés dans les couvents d'alentour. Le plus vaste et le plus beau de ces monastères est celui des Arméniens : il contient mille chambres destinées à loger les pèlerins. D'après ces détails, on ne s'étonnera pas que la principale industrie des habitants de Jérusalem consiste à vendre une grande quantité de reliques et à fabriquer des rosaires et d'autres objets de dévotion; ils confectionnent aussi quelques étoffes de soie et de coton.

BABYLONE.

On attribue la fondation de Babylone aux premiers descendants de Noé ; Nemrod l'agrandit environ deux mille ans avant Jésus-Christ ; mais elle dut surtout ses embellissements à Sémiramis, qui lui donna, vers 1900, un mur d'enceinte de trois cent soixante-cinq stades de circuit, pour imiter le nombre des jours de l'année solaire, et à Nabuchodonosor et à sa fille Nitocris, de 600 à 562. Elle était située dans une vaste plaine extrêmement fertile et arrosée par l'Euphrate ; ce fleuve baigne les frontières de la Syrie, à une de ses branches, en Asie-Mineure, les autres en Arménie, et va se jeter dans le golfe Persique, qui était alors le centre des opérations les plus actives entre l'Asie occidentale, l'Ethiopie et l'intérieur de l'Afrique : Babylone devint l'entrepôt de tout ce commerce.

Cette ville, au rapport d'Hérodote, formait un carré parfait dont chaque côté était de cent vingt stades, c'est-à-dire de six lieues ; ses murailles étaient d'une grandeur prodigieuse, elles avaient cinquante coudées (soixante-quinze pieds) d'épaisseur et deux cents (trois cents pieds) de hauteur ; elles étaient bâties de larges briques cimentées de bitume, liqueur épaisse et glutineuse qui sort de terre dans ce pays-là, qui lie plus fortement que le mortier, et qui devient beaucoup plus dure que la brique ou la pierre à qui elle sert de ciment.

Ces murailles étaient entourées d'un vaste fossé rempli d'eau et revêtu de briques des deux côtés. La terre qu'on en avait tirée en le creusant avait été employée à faire les briques dont les murailles étaient construites.

Chaque côté de ce grand carré avait vingt-cinq portes d'airain ; entre ces portes et aux angles de chaque carré, il y avait plusieurs tours élevées de dix pieds plus haut que les murailles.

Des vingt-cinq portes de chaque côté du carré partaient autant de rues qui aboutissaient aux portes du côté opposé, de sorte qu'il y avait en tout cinquante rues qui se coupaient à angles droits ; elles étaient bordées de maisons qui avaient trois ou quatre étages et dont le devant était enrichi de toutes sortes d'embellissements. Ces maisons n'étaient point contiguës, ayant de chaque côté un vide qui les séparait les unes des autres, et on avait laissé aussi une grande distance entre elles et les murs de la ville. Près de la moitié de la ville était occupée

par des jardins et par des terres qu'on labourait et qu'on ense-
mençait.

Les murailles de Babylone étaient plus hautes que les tours
de l'église Notre-Dame de Paris, qui n'ont que deux cent
quatre pieds.

L'Euphrate traversait la ville par le milieu et la partageait
en deux quartiers; d'immenses travaux qui rendaient son cours
oblique et tortueux diminuaient la force de ses eaux.

Afin de mettre le pays à l'abri des inondations, Nabuchodonosor et sa fille (vers 600 avant Jésus-Christ) firent construire
une prodigieuse digue de briques cimentées de bitume des
deux côtés du fleuve, pour le retenir dans son lit. Cette digue
s'étendait depuis la tête des canaux artificiels jusqu'à la ville et
un peu au-dessus.

Pour exécuter tous ces ouvrages, il avait fallu détourner le
cours de l'Euphrate; on avait donc creusé à l'ouest de Babylone un grand lac qui, selon Hérodote, avait vingt et une lieues
en carré et trente-cinq pieds de profondeur, ou, selon Mégas-
thènes, soixante et quinze pieds. Le fleuve fut conduit tout entier
dans ce vaste lac par le canal Pallacopas, et lorsque les travaux
furent terminés, on le fit rentrer dans son lit ordinaire. Mais
de peur que l'Euphrate, au temps de ses crues, n'inondât la
ville par les portes qui y conduisaient, on conserva le lac et le
canal.

Les deux quartiers de la ville étaient réunis par un pont
central qui avait six cent vingt-quatre pieds de long sur trente
de large. Les arches étaient bâties de grosses pierres qu'on
avait liées ensemble avec des chaînes de fer et du plomb fondu;
de chaque côté s'élevaient deux palais qui communiquaient
ensemble par une voûte ou *tunnel*, qu'on avait construite sous
le lit du fleuve pendant qu'il était à sec. Le vieux palais des rois
de Babylone, situé sur la partie orientale de l'Euphrate, avait
une lieue et demie de circonférence. Près de là se trouvait le
temple de Bélus. Le nouveau palais, situé vis-à-vis de l'autre,
du côté occidental du fleuve, avait trois lieues de circuit. Il était
environné d'une triple enceinte de murailles, séparées l'une de
l'autre par un espace assez considérable. Ces murailles étaient
ornées d'une infinité de sculptures qui représentaient toutes
sortes de sujets.

Dans ce dernier palais étaient ces jardins suspendus si renommés parmi les Grecs. Ils formaient un carré dont chacun
des côtés avait quatre cents pieds, et plusieurs terrasses posées en
amphithéâtre dont la plus élevée égalait la hauteur des murs de
Babylone. On montait d'une terrasse à l'autre par un escalier
large de dix pieds; la masse entière était soutenue par de gran-

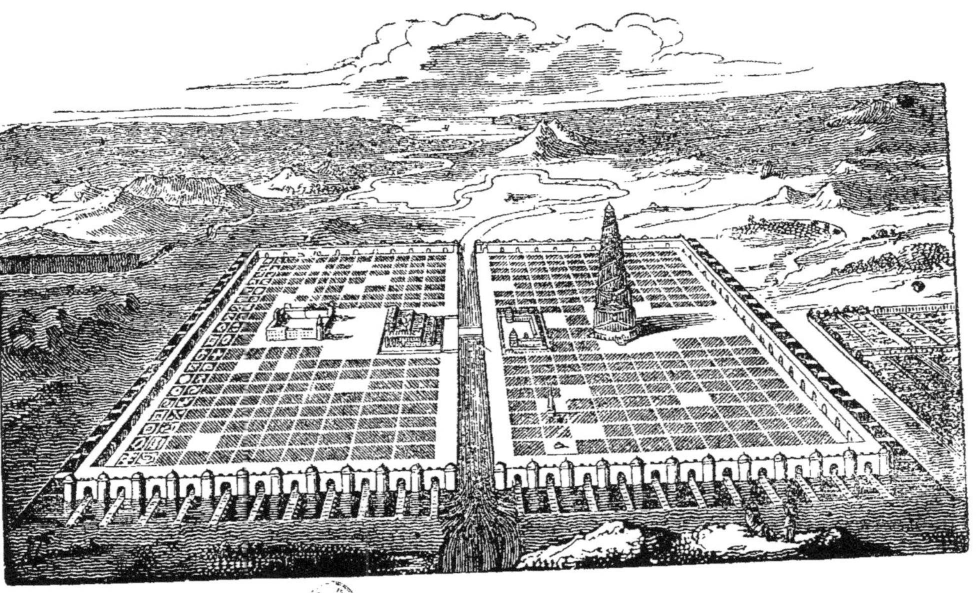

Babylone, p. 102.

des voûtes bâties l'une sur l'autre, et fortifiée d'une muraille de vingt-deux pieds d'épaisseur qui l'entourait de toutes parts. Sur le sommet de ces voûtes on avait placé de grandes pierres plates de seize pieds de long et de quatre de large. On avait mis par-dessus une couche de roseaux induits d'une grande quantité de bitume, sur laquelle il y avait deux rangs de briques liés fortement ensemble avec du mortier. Le tout était recouvert de plaques de plomb, et sur cette dernière couche était posée la terre du jardin. Ces plates-formes avaient été ainsi construites afin que l'humidité de la terre ne pénétrât point les voûtes et ne les détériorât pas. La terre qu'on avait jetée était si profonde que les plus grands arbres pouvaient y prendre racine. Sur la plus haute terrasse il y avait une pompe, au moyen de laquelle on tirait en haut l'eau du fleuve, et on en arrosait de là tout le jardin.

Le temple de Bélus, situé près de l'ancien palais, occupait un espace de quatre stades carrés ; l'enceinte avait deux stades de chaque côté. Au milieu de cette place s'élevait une tour ou massif tout de briques, dont la base avait quatre stades de tour, et dont la hauteur était d'un stade. Ce bâtiment était composé de huit tours élevées l'une sur l'autre, et dont le diamètre allait en diminuant jusqu'à la plus haute, sur le sommet de laquelle étaient le temple de Bélus et l'observatoire des astronomes chaldéens.

Le tour de l'enceinte extérieure était de quatre cent seize toises ; la base de la tour avait deux cent huit toises de tour ; sa hauteur était de cinquante-deux toises, c'est-à-dire de cent huit pieds plus grande que celle des tours de Notre-Dame de Paris, et de beaucoup au-dessous de la hauteur du clocher de la cathédrale de Strasbourg, qui est de quatre cent quarante-cinq pieds, et de la grande pyramide, qui en a quatre cent soixante-huit.

La tour de Bélus était principalement destinée au culte des divinités assyriennes. Les richesses de ce temple étaient immenses ; on y voyait une statue en or massif de quarante pieds de haut. Diodore évalue ces richesses à plus de deux cent vingt millions.

Aujourd'hui les décombres de Babylone occupent un canton tout entier aux environs de Hella. Les édifices de cette ville, déjà déserte au premier siècle de l'ère vulgaire, durent, en s'écroulant, former des collines, que les terres, entassées avec le temps, ont en quelque sorte effacées. On y fouille cependant tous les jours et on en retire une grande quantité de briques portant des inscriptions ; les unes en relief datent du siècle des Arabes, les autres en creux appartiennent aux anciens Babyloniens.

DAMAS.

La *Syrie* a pour limites, au nord, le mont *Amanus*, aujour-d'hui *Almadagh;* à l'occident, la Méditerrannée; au midi et à l'orient, l'Arabie et le cours de l'Euphrate. Des Arabes qui ont quitté la vie aventureuse du désert pour les travaux de l'agriculture; d'autres qui errent dans les plaines stériles des environs de Damas, comme les Turcomans et les Kourdes, qui vivent de brigandages sur le territoire d'Alep, de Diarbekir et de Moussoul; enfin les Druses, les Motoualis, les Ansariéh et les Maronites, peuplades indépendantes et farouches, constituent les différentes nations qui peuplent la Syrie.

Au pied oriental du Liban, s'étend, au milieu d'une plaine fertile arrosée par le Barrady et par de nombreux canaux qui, réunis à ses portes, forment une belle cataracte, l'importante *Damas*, que les Turcs appellent *Dimitchk-el-Châm.* Bien différente de la plupart des villes de la Turquie d'Asie, elle est propre, assez bien bâtie, et formée de rues pavées et garnies de trottoirs, dans lesquelles se presse une population de deux cent mille âmes que mettent en mouvement l'industrie, le commerce et le passage fréquent des caravanes qui se rendent à la Mekke. La Zekia ou la grande Mosquée, ancienne église dédiée à saint Jean, édifice d'architecture corinthienne, orné d'un portail soutenu par d'énormes colonnes en granit rouge et surmonté d'un dôme magnifique; le bazar, vaste rotonde qui supporte une élégante coupole, et le sérail, remarquable par son étendue, sont ses principaux monuments. Les bains et surtout les cafés, où brille le luxe oriental, ajoutent à la beauté de Damas. Cette ville possède encore ces fabriques de lames de sabre autrefois si renommées par la supériorité de leur trempe et de leur acier, dont le secret paraît être aujourd'hui perdu; elle est célèbre aussi par ses fruits confits et ses pâtes de roses

TYR.

Que sont nos villes modernes, à côté de ces puissantes cités de l'ancien monde, de Babylone aux cent portes, de Palmyre avec ses mille colonnades au milieu du désert, de Persépolys, de Tyr, d'Athènes, de Carthage, de Rome, et de tant d'autres lieux célèbres qui rappellent de si magnifiques souvenirs?

Damas, p. 166.

Tyr, p. 106.

On a reconnu l'existence de deux villes de Tyr: l'une, ancienne, connue sous le nom de Palæ-Tyros; l'autre, nouvelle,
nommée simplement Sour, ou Tyr. La première était bâtie
sur le continent; l'autre Tyr se trouvait dans une île voisine,
et ce fut pour s'en rendre maître qu'Alexandre joignit, par une
jetée, l'île à la terre ferme.

Salmanazar fit en vain la guerre aux Tyriens; mais après un
siége de treize années, ils furent vaincus par Nabuchodonosor,
qui détruisit la ville de fond en comble, et en chassa les habitants. Cette ruine de Tyr avait été prédite par le prophète
Ezéchiel; il s'était écrié, dans son style sublime : « Ville
superbe, qui reposes au bord des mers! toi dont l'empire s'é-
tend au sein de l'Océan !

« O Tyr, fière de tant de gloire et de richesses! bientôt les
flots de la mer s'élèveront contre toi, et la tempête te préci-
pitera au fond des eaux. Alors s'engloutira ta fortune ; avec
toi périront ton commerce, tes négociants , tes matelots, tes
pilotes, tes artistes, tes soldats et le peuple qui remplit tes
murailles. Tes rameurs déserteront tes vaisseaux, tes pilotes,
s'assiéront sur le rivage, l'œil morne et attristé. Les peuples
que tu enrichissais, les rois que tu rassasiais, consternés de ta
ruine, jetteront des cris de désespoir; dans leur deuil, ils cou-
peront leur chevelure, ils jetteront la cendre sur leur front
découvert, ils se rouleront dans la poussière, en disant : Qui
jamais égala Tyr, cette reine de la mer? »

Aujourd'hui le port de Tyr est tellement comblé de sable,
que les petits enfants le traversent sans avoir de l'eau à mi-
jambe; deux tours qui en défendaient l'entrée subsistent encore; de ces tours part une ligne de murs qui entouraient la
ville et la mettaient à l'abri contre toute attaque; on en voit,
sur le rivage, les antiques fondations. La population du village
consiste en soixante pauvres familles, qui habitent des masures à demi écroulées; on aperçoit les restes d'une église chrétienne et deux belles colonnes en granit, dont Djezzar voulait
orner sa mosquée d'Acre; mais leur poids est tel que jamais
ses gens ne purent parvenir à les enlever : elles ont bravé
leurs efforts.

Ainsi le temps, dans sa marche inflexible, a tout fauché ,
tout détruit; la vieille splendeur de Tyr s'est effacée, ses pyra-
mides et ses palais sont abattus, ses colonnes de jaspe et de
porphyre sont ensevelies dans le sable; ses fortes murailles ont
été rasées, et les quelques fragments debout ne servent plus
qu'à étendre et à sécher les filets des pêcheurs.

ASIE.

VILLES DE L'INDOUSTAN.

BENARÈS.

L'une des villes qui ont le plus de droits à exciter la curiosité des voyageurs c'est assurément Benarès, cette cité tellement sainte, que plusieurs rajahs hindous y possèdent des maisons où leurs agents résident continuellement pour y faire à leur place les sacrifices et les ablutions que commande le culte de Brahma. Elle tire son nom de deux rivières (Benar et Assi) qui se jettent dans le Gange, l'une au-dessus et l'autre au-dessous de son enceinte. Leurs embouchures sont séparées par un espace de trois milles environ, dans lequel est renfermée cette métropole ecclésiastique et littéraire de l'Hindoustan. De l'une à l'autre, la rive est couverte de temples, d'habitations, et de ces majestueuses et magnifiques rampes ou escaliers qu'on appelle *ghauts*, et qui aboutissent aux rivières. Ces rampes sont formées de larges degrés de granit dur, descendent du terre-plein des maisons jusqu'au bord de l'eau, et semblent se faire jour à travers un amas fantastique d'édifices du genre le plus pittoresque et le plus curieux. Cet aspect, Benarès le doit surtout à l'architecture musulmane qui, depuis la prise de cette ville pas Aureng-Zeb, est venue mêler ses constructions élégantes et aériennes aux monuments massifs et incorrects de l'art indien.

Ce conquérant y fit bâtir, sur les ruines d'un ancien temple, une mosquée appelée *Musjid*, qui lance dans les airs ses hardis minarets, comptés aujourd'hui parmi les merveilles de la ville. Trop fanatique lui-même pour être tolérant, Aureng-Zeb voulut que cette mosquée, qui est d'ailleurs le seul édifice mahométan remarquable par sa grandeur, fût élevée pour humilier le fanatisme opiniâtre des Hindous. Elle est ornée, comme on peut le voir par notre gravure, de deux minarets très-hauts, d'où l'œil du tyran embrassait l'ensemble de la cité. Tous les jours il

Bénarès (Monument). p. 109.

Bénares, p. 108.

faisait placer dans ce temple un piquet de ses soldats insolents, pour observer, du haut de la rampe du fleuve, les baigneurs hindous qui se croyaient souillés par ses regards profanes. Du haut des minarets, le coup d'œil est admirable, et là se déploie devant vous cette ville immense dont le savant Héber a tracé une description qui sera notre modèle.

Aucun Européen ne vit dans la ville, et les rues ne sont pas assez larges pour qu'une voiture à roues puisse y circuler. Ces rues sont presque toutes si étroites, si encombrées, si tortueuses, que même en *tonjon* (espèce de palanquin ou de litière) on ne les traverse qu'avec peine. Les maisons sont très-hautes; aucune n'a moins de deux étages, beaucoup en ont trois, et plusieurs cinq à six. Elles sont richement décorées de verandahs, de galeries, de fenêtres avec balcons, de larges toits très-inclinés et que soutiennent des tasseaux sculptés avec soin. Le nombre des temples est considérable; la plupart sont fort petits, disposés comme des niches dans les angles des rues, et sous l'abri de quelque grande maison. Le dessin n'en est cependant pas sans grâce. Plusieurs sont entièrement couverts de fleurs, d'animaux, de branches de palmiers, sculptés avec une élégance et surtout un fini qui ne sont surpassés dans aucune construction grecque ou gothique. Les habitants décorent les parties les plus en vue de leurs maisons de camaïeus peints des vives couleurs de la tuile, et qui représentent des femmes, des hommes, des taureaux, des éléphants, des dieux, des déesses avec leurs formes et leurs attributs divers. Le degré de la puissance de ces dieux et de ces déesses est exprimé par le nombre de leurs têtes et de leurs bras.

Des taureaux de tous les âges, consacrés à Siva, apprivoisés et familiers comme le chien domestique, se promènent d'un air nonchalant dans les rues étroites de Benarès, ou s'y couchent en travers. On ose à peine les toucher pour qu'ils fassent place aux tonjons; les coups doivent être donnés avec une extrême douceur; et malheur au profane qui oserait braver les préjugés de cette population fanatique! Les singes sacrés sont, dans quelques parties de la ville, tout aussi nombreux. On les voit grimper sur les toits des maisons et des temples, avancer leurs têtes impertinentes ou leurs pates dans les boutiques des fruitiers ou des confiseurs, et dérober les mets des repas des enfants. A chaque instant on rencontre des maisons de fakirs décorées d'idoles, et d'où sort le tintement continuel des vinas, des byals et d'une foule d'autres instruments discordants. Les rues principales sont bordées, dans toute leur longueur, par des mendiants de toutes sectes, étalant les innombrables difformités que peuvent produire le charbon, la bouse de vaches, les maladies,

et toutes ~~les~~ les attitudes hideuses et dégoûtantes de la pénitence.

ANTIOCHE

La populeuse *Antiochia* (Antakiéh), rivale de Rome, d'Alexandrie et de Séleucie, sur le Tigre, était fière de ses théâtres, de
son cirque, de ses riches bazars et des voluptueux bosquets de
daphnés qui croissaient dans son voisinage.

Sur ce sol où la nature a tant fait pour l'homme, où la terre
est assez fertile pour justifier l'expression de l'Ecriture qui parle
de la terre promise comme d'un jardin *où coulent des ruisseaux
de miel et de lait*, sous ce ciel où l'on respire un air rafraîchi
par les brises de mer et toujours embaumé du parfum de mille
fleurs ; dans un pays où la nature s'est plu à jeter tant de poésie
et de richesse, il est bien douloureux de ne voir aujourd'hui,
à chaque pas, que des signes de destruction, des ruines ou des
tombeaux que le musulman impassible foule à ses pieds.

Cette ville, composée de quatre villes, fut fondée primitivement par Antigone, et agrandie, ou, pour mieux dire, rebâtie par
Séleucus Nicator, qui lui donna le nom de son père. Elle est
située non loin de l'Oronte et de l'Euphrate, près des villes
d'Apamée, de Séleucie et de Laodicée, qu'on appelait ses sœurs.
Elle était la métropole de l'Assyrie, et les rois du pays y firent
longtemps leur résidence ; au dire de Strabon et de tous les
géographes anciens, elle surpassait en grandeur Alexandrie
d'Egypte et Rome elle-même. Elle brillait de tout l'éclat des
arts, et la mollesse des princes asiatiques y avait introduit tous
les raffinements du luxe. Sous les empereurs romains, ses
mœurs achevèrent de se corrompre, et l'on y vit régner tous
les vices monstrueux que le prêtre du soleil, devenu l'empereur
Héliogabale, porta sur le trône de l'univers ; ce fut alors surtout
que les fêtes célébrées dans la forêt sacrée de Daphné devinrent
des jours de prostitution. Mais l'aurore du christianisme se
levait radieuse à l'orient ; à la voix grave et sévère de la nouvelle doctrine, semblable à un jeune débauché que les sombres

Antioche, p. 10.

pensées de la mort jettent au fond des cloîtres, Antioche se remplit de fervents disciples, et le sang de nombreux martyrs coula dans son enceinte.

Cependant les barbares s'étaient rués comme un torrent sur toutes les provinces de l'empire romain, et partout ils ne laissaient que des ruines pour attester leur passage. Antioche n'échappa pas à leurs coups ; alors commença l'œuvre de destruction consommée par les Mameloucks en 1269. Les fanatiques disciples du Coran firent plus que n'avaient fait les sauvages du nord ; ils détruisirent jusqu'à la dernière colonne de cette ville de palais, et, à la place de tant de monuments, ils n'édifièrent rien, car à ces hommes insouciants il ne faut sur la terre qu'une place pour prier au lever du soleil et un tombeau pour renfermer leur cadavre.

A l'époque des croisades, Antioche fut le champ de bataille où éclata la valeur de tous les preux qui s'élançaient au cri de *Dieu le veut*. Ces guerres ne contribuèrent pas peu à la ruine des monuments de cette ville illustre ; les croisés, ignorants et aveuglés par leur enthousiasme, respectaient peu les villes conquises, et dans les chroniques du temps on cherche en vain des renseignements qui eussent eu tant d'intérêt et qu'il eût été si facile de se procurer dans un pays riche encore de tant de beaux édifices.

Aujourd'hui la fameuse Antioche n'est plus qu'une misérable ville remplie de jardins et connue sous le nom d'Antakiéh. Elle renferme encore dix mille habitants, mais ils sont disséminés au milieu des restes de son antique enceinte qui jadis en comprenait sept cent mille. Une partie de ses murailles et de ses aquéducs, échappés au ravage des barbares et des tremblements de terre, sont les seuls témoins de son ancienne magnificence. L'antique reine de l'Orient, dépouillée de ses grandeurs, est triste comme une vierge qui a perdu sa couronne, et rien ne partage sa douleur, hors le vent de la nuit qui gémit dans les ruines de ses palais ou dans les cyprès de ses tombeaux ; hors le voyageur européen qui détourne sa tête à la vue de tant de ruines et s'en va le cœur rempli de douloureuses pensées.

AGRA.

Agra est bâtie sur un terrain sablonneux qui l'expose pendant l'été à d'excessives chaleurs. C'est la plus grande ville des Indes, et la résidence ordinaire des empereurs mogols ; les maisons des grands y sont belles et bien bâties ; mais, comme dans toutes les autres villes des Indes, celles des particuliers n'ont rien d'agréable ; elles sont écartées les unes des autres, et cachées par de hautes murailles dans la crainte qu'on y puisse apercevoir les femmes.

Parmi les tombeaux célèbres d'Agra, on doit citer celui de l'impératrice, femme de Schah-Djehan (le Taaje-Mahal). On prétend que cet empereur, passionnément épris de sa femme, lui promit, à son lit de mort, de lui faire élever un monument qui par sa magnificence surpasserait autant ceux du monde entier, qu'elle avait surpassé elle-même le reste des femmes pendant sa vie par la douceur de son caractère et les charmes de sa personne. Schah-Djehan fit élever ce tombeau près du Tasimak, grand bazar où se rassemblent tous les étrangers. Le tombeau de l'impératrice est au levant de la ville, le long de la rivière, dans un espace fermé de murailles sur lesquelles règne une petite galerie. A gauche, on découvre une galérie plus vaste qui regarde la Mecque, avec trois ou quatre niches où le mufti se rend à des heures réglées pour y faire la prière. Un peu au-delà du milieu de l'espace, on voit trois grandes plates-formes, d'où l'on annonce les heures. Au-dessus s'élève un dôme dont les parois sont, au dedans comme au dehors, revêtues de marbre blanc : c'est sous ce dôme qu'on a placé le tombeau. Dans ce lieu souterrain, comme sous le dôme, des mollahs y prient jour et nuit. On assure que vingt mille hommes furent occupés pendant vingt-deux années à cette constrution. Les échafaudages seuls, dit-on, coûtèrent plus que l'ouvrage entier, parce que, vu la rareté du bois, on était contraint de les faire en briques, comme les cintres de toutes les voûtes. Schah-Djehan avait commencé à faire élever son tombeau de l'autre côté de la rivière, et voulait le réunir à celui de l'impératrice par un pont de marbre ; mais la guerre qu'il eut à soutenir contre ses enfants interrompit cette entreprise. Deux mille hommes, sous le commandement d'un eunuque, veillent sans cesse à la garde du mausolée de l'impératrice et du Tasimakan. Les jardins du Taaje-Mahal sont arrosés par la Djemna. Tout concourt à faire de cette retraite un lieu enchanteur.

Le Taage Mahal à Agra, p. 115.

Surate, p. 110.

Acbar est le premier des empereurs mogols qui ait préféré
la résidence d'Agra à celle de Delhi, et qui ait embelli cette ville.
Il est encore en grande vénération parmi les habitants, et son
tombeau est à peine moins admiré que celui de Taaje-Mahal.
C'est un édifice somptueux, d'une forme pyramidale ; il est
bâti en pierre rouge ; ses colonnades de marbre blanc forment
un frappant contraste avec la pierre rouge du monument ; dans
l'intérieur, sous une sombre voûte qui n'est éclairée que par
une lampe, repose le corps d'Acbar.

Le palais est situé sur les bords du Djemna, il est la resi-
dence des empereurs, qui ne le quittent que pour aller s'établir
à Delhi pendant les grandes chaleurs. La chambre dans laquelle
se retire l'empereur à l'époque où les vents brûlants règnent
dans les Indes, est très-curieuse ; c'est un appartement carré
entièrement privé de fenêtres, et qui n'est éclairé que par la
lueur des torches. Les murs sont recouverts d'ornements en
argent et de glaces, et le pavé est coupé par de petits canaux
où une eau fraîche coule continuellement.

Agra est deux fois plus grande qu'Ispahan et l'on ne peut ne
faire le tour à cheval en moins d'un jour. Une belle muraille en
pierres de taille rouges et un fossé large de plus de trente toises
défendent la ville impériale.

Les rues d'Agra sont belles et spacieuses. Il s'en trouve de
voûtées qui ont plus d'un quart de lieu de long, où les marchands et les artisans ont leurs boutiques.

SURATE.

Cette grande et riche ville des Indes, dans les Etats du Grand-
Mogol, est défendue par une citadelle et possède un bon havre sur
le Tapsy, à huit lieues de son embouchure, où s'arrêtent les gros
bâtiments. C'est à Surate que fut établi, en 1612, le premier
comptoir que les Anglais aient eu dans les Indes ; et, depuis cette
époque, un nombre prodigieux de marchands de toutes les nations y ont entretenu un grand commerce, qui cependant est aujourd'hui moins considérable qu'autrefois. Il consiste principalement en exportation de coton brut et de ses produits ; en
expéditions pour la Perse d'étoffes d'or et d'argent, de mousseline,
d'indigo et d'acier pour la fabrication des sabres. La Chine y fait
de grandes importations de ses produits ; l'Europe y envoie des
quincailleries. On en tirait jadis les objets les plus précieux, dia-
mants, perles, or, musc, etc. La population se compose d'Indous en grand nombre et de Parsis ou adorateurs du feu.

Le trait principal du caractère des Indous, c'est un invincible attachement à leurs mœurs et à leurs coutumes qui n'ont guère varié depuis la conquête de ces peuples par Alexandre. Brachma est toujours leur dieu, et le despotisme qui les régit n'a pas changé. Pour le voyageur habitué à notre civilisation, à ses raffinements et à ses prestiges, c'est un singulier spectacle que celui de ces castes qui n'ont rien perdu de leur physionomie première, mœurs, costumes, cérémonies, habitudes; là le sol a conservé son état primitif, comme les peuples qui l'habitent.

PERSÉPOLIS

Persépolis, fondée par Djemchyd, le grand roi, incendiée par Alexandre dans un moment d'ivresse, et qui dans les temps modernes, a failli disparaître entièrement par l'ineptie d'un gouverneur, était bâtie dans une vaste plaine de la Perse et arrosée par le fleuve Aras. Ses restes présentent de loin l'aspect d'un vaste amphithéâtre, la montagne s'enfonçant en demi-lune comme pour les embrasser. Les constructions reposent sur le penchant de la montagne aplani en terrasses ou plates-formes; elles sont, par la hauteur différente de ces terrasses, divisées naturellement en trois parties distinctes, élevées l'une au-dessus de l'autre. Un mur de 24 pieds de hauteur soutient le devant de la plate-forme, ainsi qu'une partie des côtés, et présente une admirable courtine de 1,200 pieds de longueur au nord et au sud, sur 1,690 pieds de profondeur à l'est et à l'ouest. Le mur, de figure irrégulière, forme vingt-deux angles, tous de grandeur différente. Les pierres du mur sont noires, plus dures que le marbre, quelques-unes très-polies, et toutes d'une grandeur telle qu'on a peine à concevoir qu'on ait pu remuer de si lourdes masses. Il y en a de 52 pieds de longueur; généralement elles ont de 30 à 35 pieds. Elles sont si admirablement jointes, qu'aujourd'hui, après plus de 4,000 ans, on a peine à reconnaître les points de jonction.

Le principal édifice, qui paraît avoir été un temple, est placé au centre de la terrasse la plus élevée; il est composé d'une grande quantité de colonnes qui ont fait donner à ces ruines le nom de *Tcheelminar*, ou les quarante colonnes.

Ruines de Persépolis, p. 112.

Les terrasses communiquent entre elles par des escaliers. Le premier et le principal est double, c'est-à-dire composé de deux rampes, qui s'éloignent à la base pour se réunir au sommet. Il aboutit à un perron de 65 pieds de diamètre, qui se termine à un portique composé de piédestaux et de colonnes.

Au-devant de chaque piédestal est une figure en demi-relief, de grandeur colossale, et représentant des animaux monstrueux. Dans le haut sont des inscriptions tracées avec ces caractères *cunéiformes*, qui ont fait et feront longtemps encore le désespoir des savants qui tentent de les déchiffrer. Les colonnes sont de marbre blanc, et cannelées comme toutes les autres de ce monument.

La gauche du portique n'offre que des monceaux de ruines. A droite est un vaste espace, aussi encombré de fragments de toute espèce, et aboutissant à une terrasse soutenue par une muraille d'environ 300 pieds de longueur, et d'une hauteur qui varie de 6 pieds jusqu'à 10. On y monte par trois escaliers. Celui du milieu est à deux rampes, comme celui de la première terrasse. La partie occidentale de cette muraille est ce que ces précieux restes offrent de mieux conservé. Elle présente deux rangs de bas-reliefs, et un de demi-figures que le temps a respectés. Les figures ont un peu moins de 4 pieds de haut, et près d'un pouce-et-demi de saillie. Cet immense ouvrage est encore si entier qu'il paraît sortir des mains du sculpteur. Les bas-reliefs paraissent représenter une procession solennelle; ils offrent le plus grand intérêt à l'antiquaire, qui y retrouve les armes, les ustensiles, les costumes des anciens Perses. Après avoir monté cet escalier, on entre dans une vaste salle de 400 pieds de long sur 300 environ de large,

Traversant l'espace occupé par ces colonnes, on trouve un escalier aussi décoré de bas-reliefs représentant des combats de taureau et des chasses au lion. L'épaisseur des murs et des fenêtres est en quelques endroits d'environ 4 à 5 pieds. Les fenêtres, élevées de terre de 3 pieds, en ont environ 6 de hauteur.

Beaucoup de parties de ces constructions conservent encore des traces de bas-reliefs, dont les figures sont généralement de grandeur naturelle, mais quelquefois aussi s'élèvent jusqu'à la proportion colossale.

Enfin, dans la montagne à laquelle sont adossées les ruines, se trouvent encore les restes de plusieurs tombeaux et d'habitation creusées dans le roc, et d'un puits admirablement conservé dont la profondeur n'est pas moindre de 80 brasses.

HURDWAR.

Hurdwar ou Haridwar (*la porte de Dieu*, en langue hindoue),
plus sainte que Benarès elle-même, la Jérusalem, la Médine de
l'Hindoustan est située non loin des lieux où le Gange, dont les
ondes sont presque vierges encore, descendant à grand bruit
des sommets de l'Himalaya, commence à s'étendre majestueusement dans la plaine. Petite et chétive, cette ville, qui ne se
compose guère que d'une seule rue très-longue, est ordinairement morne et inhabitée ; mais à l'époque solennelle de l'année
une innombrable population y afflue de toutes les parties de
l'Asie. Cette foule se compose, outre les dévots pèlerins, de
curieux et de marchands, parce qu'il s'ouvre alors à Hudwar
une des foires les plus renommées de l'Orient ; et sous ces
influences combinées de la dévotion, de la spéculation et de la
curiosité, douze ou quinze cent mille étrangers viennent s'entasser sur un même point.

Tous les produits naturels et industriels de l'univers encombrent la ville, transformée en grotesque et opulent bazar ;
tous les peuples ont leurs représentants dans cette effrayante
cohue qui, possédée de l'esprit mercantile, tourbillonne en tumulte pour acheter et pour vendre. Anglais, Français, Russes,
Turcs, Persans, Chinois, Tartares, Thibétains, Cachemyriens,
Nègres, Hindous, des échantillons enfin de toutes les races humaines, avec leurs traits, leurs couleurs et leurs habitudes ca-
ractéristiques, se pressent, s'agitent, et vocifèrent en toute
langue autour d'un immense et confus amalgame de chevaux,
d'éléphants, de chameaux, de tigres, d'ours, de léopards, de chats,
de chiens, de buffles, de bœufs, de moutons, de cuirs, de four-
rures, d'étoffes, de bijoux, de pierres précieuses, d'aromates,
de parfums, de comestibles, de fruits secs, d'armes, de quincailleries. Les plus singuliers rapprochements d'hommes, les
plus bizarres mélanges de denrées, les plus burlesques combi-
naisons, les plus étranges trafics, s'opèrent dans cette Babel
marchande, et jamais drame plus infini dans son ensemble,
plus varié, plus compliqué, plus animé dans ses détails, n'a été
joué par une troupe plus nombreuse et plus bigarrée sur un
théâtre plus vaste et décoré avec une magnificence naturelle plus
grandiose. Cependant la scène religieuse est plus pittoresque
encore et plus intéressante que la scène commerciale.

Lorsque l'heure arrive où les adorateurs du Gange doivent
s'y plonger, une foule prodigieuse assiége l'escalier consacré

Hurdwar, p. 111

(le *Ghaut*), qui, majestueux dans ses proportions, élégant dans
son architecture, descend par des degrés larges et faciles du
sommet des rives escarpées jusqu'à la surface des eaux. Hommes,
femmes, enfants, roulant le long de la rampe, se précipitent en
masse confuse dans l'onde sainte. Les brahmines, comme on le
pense, provoquent de tout leur pouvoir l'accomplissement en
forme de ces ablutions, qui leur rapportent d'énormes bénéfices ;
car ce n'est qu'à prix d'or qu'on obtient leur intervention pendant la cérémonie : quelquefois même, lorsque l'offrande du
pèlerin leur semble trop mesquine, ils lui retirent leur assistance et changent leurs prières en malédictions.

Ces immenses rassemblements d'individus de tout âge et de
tont sexe, sur les bords escarpés et dans les eaux rapides et
profondes d'un fleuve peuplé d'alligators, occasionnent de
fréquents accidents, et tous ceux qui entrent dans le Gange n'en
ressortent pas. Cependant, jusqu'en 1820, aucune grande catastrophe n'avait marqué le retour périodique de ces solennités
pieuses ; mais à cette époque un déplorable événement plongea
Hurdwar dans la consternation. Un seul passage étroit, d'une
pente rapide, et disposé en entonnoir, débouchait de la grande
rue sur l'unique escalier par lequel on pût alors arriver au
Gange. L'heure précise de l'immersion ayant sonné, la foule se
précipita vers le fleuve avec une impétuosité telle, que le passage, qui ne pouvait pas se vider aussi vite qu'il se remplissait,
fut en un instant comblé et obstrué ; et cependant de nouveaux
flots vivants ne cessaient d'arriver à l'entrée, de s'entasser, de
presser et de pousser en avant avec une force terrible. Comme
le retard ne faisait qu'accroître l'impatience ardente des dévots,
et comme les cris de détresse que poussait la tête de la colonne
ne pouvaient être entendus du centre et de la queue sans cesse
grandissante, cette impulsion, donnée par la masse de plus en
plus compacte, de plus en plus violente, devenait à chaque
instant plus irrésistible et plus affreuse dans ses résultats. Plusieurs heures s'écoulèrent avant que la vérité arrivât de proche
en proche aux derniers rangs, et plusieurs autres heures
suffirent à peine pour opérer les mouvements rétrogrades qui
pouvaient seuls sauver les malheureux engagés dans le passage
et dans l'extrémité de la rue. Plus de mille personnes avaient
péri écrasées et foulées aux pieds ; le nombre des blessés et des
estropiés, qu'on doit supposer avoir été très-considérable, ne
fut jamais positivement connu. L'agitation et la terreur produites
dans l'Hindoustan, et surtout parmi les pèlerins rassemblés à
Hurdward, par ce cruel accident, furent des plus vives. Le petit
nombre l'expliqua par les causes naturelles que nous venons de
détailler. L'intervention du génie du mal fut généralement

admise. Selon l'interprétation des brahmines, ce désastre était un holocauste involontairement offert par les victimes, mais ordonné de toute éternité par Siva lui-même, et il devait rendre ce dieu redoutable plus propice à ceux qui avaient été assez heureux pour échapper.

La compagnie anglaise des Indes semblerait avoir adopté l'avis des esprits forts de la minorité, car elle a fait élargir considérablement le passage fatal, et, de plus, construire un second escalier, de sorte que les abords du fleuve sont rendus plus sûrs et plus faciles, et que les dangers d'un encombrement sont moins à craindre.

BEDJAPOUR.

La province de *Bedjapour*, plus connue sous le nom de *Visiapour*, don le sol est très-fertile, surtout dans les vallées, et qui fournit des chevaux estimés, comprend une population de 7,000,000 d'habitants. Elle formait autrefois un royaume indépendant dont *Bedjapour* était la capitale; à cette époque de sa gloire, elle avait, selon les écrivains orientaux, un million d'habitants. Les ruines magnifiques qui subsistent encore aux environs de la ville actuelle l'ont fait surnommer la *Palmyre du Dekhan :* on remarque le mausolée du sultan Ibrahim II, l'un des plus beaux de l'Inde, et le Makbara, ou mausolée du sultan Mohammed-chah, dont la construction a coûté quarante-deux ans de travail; ce superbe monument est surmonté d'une coupole dont le diamètre n'est que de 10 pieds plus petit que celui de la coupole de Saint-Pierre à Rome.

Bedjapour, était, au dix-septième siècle, une des plus vastes et des plus fortes cités de l'Inde; une double enceinte de murailles l'entourait, et dans l'espace compris entre cette rangée de fortifications, ving mille cavaliers pouvaient dresser leur camp. La partie de la ville qui porte le nom de *la forteresse,* renferme encore quelques monuments assez bien conservés, entre autres un petit temple hindou supporté par une quantité innombrable de piliers en pierre, et construit dans le style de l'architecture brahminique.

C'est surtout dans la province de Bedjapour que l'on rencontre les redoutables brigands nommés phanségars. Ces voleurs tirent leur nom de *phanségars* de l'instrument qui leur sert à commettre leurs crimes. Phanségar signifie étrangleur, et l'arme qu'ils emploient est le phansi ou nœud coulant, qu'ils jettent subitement autour du cou de ceux qu'ils veulent dépouiller, et à l'aide duquel ils les étranglent. Il est à remarquer que les bandes de phanségars n'appartiennent à

Bejapoor, p. 113.

Vue de Campvor, p. 114

aucune caste en particulier ; elles se composent également d'Indous, de mahométans et de parias ; des brahmines même en font fréquemment partie. Ce mélange provient de l'habitude où sont les phanségars d'épargner les enfants des malheureux qu'ils dépouillent après les avoir assassinés ; ils prennent soin de ces pauvres petites créatures, et leur donnent une éducation conforme à leur horrible genre de vie, ce qui explique l'étrange pêle-mêle de leur association.

CAWNPORE.

Cawnpore est une ville située sur les bords du Gange, à environ deux cents lieues de Calcutta, ville principale des Indes. Au milieu d'une plaine sablonneuse, Cawnpore, quoique bâtie, est de l'aspect le plus pittoresque. Les *Paddocks* ou jardins dont les maisons sont entourées, ressemblent à des parcs, surtout dans la saison où la terre se revêt d'un tapis de verdure. Presque tous les légumes et les fruits de l'Europe y viennent avec succès, même pendant la saison la plus froide ; les pêches et les raisins, peu communs dans le reste de l'Inde, y sont excellents, ainsi que les oranges, les pommes et les melons.

Les maisons de Cawnpore sont mal bâties, mais vastes et commodes. On y voit en général une large salle au milieu, et des deux côtés un certain nombre de chambres, suivant les besoins de la famille. Autour des maisons règne une veranda, si nécessaire dans ce climat brûlant pour garantir les appartements de l'excessive chaleur du soleil.

Aux deux extrémités du bâtiment est une chambre de bain indispensable pour la santé des habitants. La salle du milieu reçoit la lumière par dix ou douze portes qui conduisent aux appartements environnants. Ces portes sont toujours ouvertes, mais on y attache une espèce de rideau formé de bambous peints en vert et taillés en brins si minces que ces rideaux ressemblent à un tissu de gaze.

A l'extrémité de la place de Cawnpore est une longue avenue plantée d'arbres, qui sert de promenade aux habitants. Cawnpore ayant une garnison anglaise, cette promenade présente le soir, après le coucher du soleil, l'aspect d'une ville européenne. Elle est remplie de voitures de toutes formes, où des femmes élégantes déploient les modes d'Angleterre et de France. Des cavaliers montés tantôt sur le pesant cheval de chasse, tantôt sur le cheval de course, aux formes plus déliées et plus légères, ou sur le gracieux cheval arabe, caracolent auprès du cheval sauvage ou des poneys velus du pays,

PATNA.

Patna est située sur le Gange, à cent soixante lieues de son embouchure, à cinquante lieues de Bénarès et à cent trente de Calcutta. Elle est la capitale de la province de Béhar, située entre le district de Bénarès et le Bengale.

Les nombreuses ruines d'édifices publics et particuliers dispersés dans Patna attestent l'ancienne splendeur dont elle est aujourd'hui déchue; cependant elle est encore vaste et peuplée. Comme elle a été exposée à de fréquentes attaques, elle est fortifiée à la manière indienne, c'est-à-dire qu'elle est entourée par une muraille et défendue par une petite citadelle.

L'excellent opium que fournit la prodigieuse quantité de pavots cultivés aux environs de Patna, et une considérable exploitation de salpêtre, contribuent à l'opulence de cette ville et en font le centre d'un commerce immense. Les différentes manufactures d'ouvrages d'argent, de fer, de menuiserie établies à Patna ne le cèdent presqu'en rien à celles des Européens.

Ce fut dans Patna que Myr-Quacem, nabab du Bengale, fit massacrer les prisonniers anglais qu'il avait faits dans la guerre de 1764; un renégat, nommé Summarou, fut chargé de cette horrible exécution. Les Anglais indignés chassèrent le nabab, et se trouvèrent maîtres paisibles du Béhar, du Bengale et d'une partie de l'Orissa. Ils ont fait élever un monument en mémoire de cet effroyable événement.

Le Gange est pour les Indiens le fleuve par excellence, le grand fleuve. Ils affirment qu'il sort du pied de *Visnou*, divinité conservatrice. Le fait est qu'après être sorti des vastes montagnes du Tibet et avoir effectué un parcours de deux cent soixante lieues environ dans ces âpres contrées, il se fraie un passage à travers les monts Himmaleh et se précipite dans un vaste bassin qu'il s'est creusé dans le roc, et roule ensuite des eaux paisibles dans les plaines délicieuses de l'Hindoustan. Le reste de son cours, qui est toujours navigable jusqu'à la mer, est de plus de quatre cents lieues. Dans cet immense trajet il fournit à une multitude d'habitants une nourriture facile et entretient par ses inondations la fertilité des terres voisines.

Le Gange reçoit un certain nombre de rivières, dont quelques-unes sont égales au Rhin, et dont plus de dix l'emportent sur la Tamise. Sa largeur, à partir de son arrivée dans les plaines, est d'abord d'un quart de lieue, puis d'un tiers, puis enfin d'une lieue entière; à soixante-quinze lieues de la mer, il se

Patna, p. 117.

Bombay, p. 118.

divise en deux branches et forme un *delta* beaucoup plus vaste
que celui du Nil. La branche principale du fleuve est trop peu
profonde pour pouvoir recevoir de grands vaisseaux ; mais les
deux branches les plus occidentales forment par leur réunion la
rivière de *Haugly*, sur laquelle est le célèbre port de *Calcutta*,
et qui peut porter tous les bâtiments. Les nombreux canaux
que l'on tire des différentes branches du Gange coupent le pays
dans tous les sens, et leur navigation est incessamment servie
par plus de *trente mille* mariniers.

Des ouragans terribles ont souvent marqué leur passage sur
le Gange par d'immenses désastres. Des flottes entières de
vaisseaux marchands ont été abîmés tout d'un coup. Ces rafales
subites sont surtout dangereuses dans les parties les plus larges du fleuve, et ont lieu ordinairement un peu avant la saison
des pluies, à partir du mois de mars. D'autres dangers attendent, vers la fin de cette saison, les marins qui côtoient les
bords du Gange. Ces bords, composés de terre mouvante, et
d'une hauteur considérable en plusieurs endroits, se détachent
souvent en masses énormes qui, roulant sur les barques, les
renversent ou les font disparaître dans les eaux.

ILES

DES INDES ORIENTALES.

BOMBAY.

Bombay n'était d'abord qu'un groupe de petites îles couvertes de nombreux marécages, que les eaux de la mer abandonnaient et inondaient alternativement ; quiconque venait s'y
établir n'était pas réputé pouvoir y vivre plus de trois ans.

L'île de Bombay est à présent le principal établissement des Anglais sur la côte occidentale de l'Inde; elle est d'une longueur de plus de deux lieues sur une lieue de large, et forme, avec les îles voisines l'un des plus beaux ports des mers indiennes. Sur l'une de ces îles, on a construit un phare qui s'élève à la hauteur de cent cinquante pieds au-dessus de la mer, et qui répand sa clarté jusqu'à une distance de sept lieues; la capitale de cette île est environnée de larges fortifications. La partie qu'on appelle la ville neuve est bâtie sur un terrain plat et marécageux, où le sol est si bas qu'un grand nombre de maisons s'y trouvent au niveau de la haute mer; beaucoup d'autres sont situées en dessous ou fort peu au-dessus, à l'époque des hautes marées. Dans la saison des moussons, on ne communique qu'en bateau d'une maison à l'autre, et durant plusieurs mois la santé des habitants éprouve de fâcheux effets de ces inondations.

Autrefois la partie de Bombay qui forme aujourd'hui l'esplanade était entièrement ombragée de cocotiers : mais cet espace est maintenant vide et dépourvu de toute plantation, depuis l'extrémité la plus élevée de l'île jusqu'à Dungarie, vaste quartier qui n'est habité que par la population indigène. Le château est d'un aspect régulier, muni de nombreux ouvrages de fortification, surtout dans la partie qui regarde le port; les remparts de Bombay passent pour extrêmement forts, excepté du côté de la terre. La ville, commencée par les Portugais, a été terminée par les Anglais ; cependant les maisons, bien que bâties à différentes époques, ont été presque toutes construites dans le même style que celles des Portugais, ce qui donne à cette cité une chétive apparence. La mer baigne les murs du fort de trois côtés. Les quartiers situés au nord de la ville servent principalement de demeure aux Parsis, qui sont en général si sales qu'on ne saurait passer sans dégoût dans les rues qu'ils habitent.

L'île de Bombay n'est qu'un rocher stérile; mais aucun établissement européen dans l'Inde ne possède d'aussi beaux chantiers de construction, et c'est de ce port que sont sortis en grand nombre des vaisseaux de guerre de première classe, ainsi que les plus gros navires de la Compagnie des Indes; le nouveau chantier, qui appartient au major Cooper, est d'une magnificence à peine inférieure à celle des plus beaux de l'Europe. Tous les bâtiments sont construits par les Parsis, qui louent les chantiers à la Compagnie, et jouissent d'un monopole exclusif dans ce genre de travaux; ils sont réputés les meilleurs constructeurs de navires qui existent dans l'Inde. On tire tout le bois nécessaire aux constructions navales des forêts qui couvrent les montagnes dans la province d'Aromgabad; les nombreuses rivières qui descendent des hauteurs offrent un moyen de transport facile pour les matériaux.

Le dernier recensement a porté la population de Bombay, y compris les indigènes et tous les individus de races différentes, à cent soixante-deux mille âmes, parmi lesquelles se trouvent treize mille Parsis : on calcule en outre que des intérêts commerciaux n'attirent pas moins de soixante à soixante-dix mille étrangers dans cette île, où ils viennent établir temporairement leur séjour. Quelques riches indigènes vivent à Bombay dans tout le luxe et l'éclat de l'opulence; ils y possèdent de vastes bâtiments, et, chose très-rare dans ces contrées, des maisons assez spacieuses pour que plusieurs de leurs enfants mariés y habitent avec leur famille. Le seul temple anglican qui existe dans cette ville est situé dans l'intérieur du fort; mais au dedans comme en dehors de son enceinte, il y a plusieurs églises portugaises et arméniennes. Les juifs qui habitent Bombay, et dont le nombre s'élève environ à mille, possèdent de leur côté quatre petites synagogues. Les Arméniens forment à Bombay une communion respectable. Une grande partie de l'île appartient aux Parsis; plusieurs d'entre eux y jouissent d'une fortune considérable et se livrent à de vastes spéculations; dans presque toutes les maisons de commerce européennes, c'est un associé Parsi qui fournit la plus forte part du fonds social. Cette portion de la population se compose d'hommes paisibles et inoffensifs, versés dans la connaissance des affaires, doués pour la plupart de finesse et d'intelligence, et qui recherchent de préférence la société des Européens; leur race se distingue par la beauté des formes; ils ont des traits réguliers, des yeux noirs et vifs, une barbe bien fournie, mais qu'ils rasent avec soin, en conservant seulement de petites moustaches; leur teint est basané, leur physionomie pleine d'expression. Les femmes sont jolies dans leur jeunesse; elles perdent bientôt avec rapidité toute leur fraîcheur, et sont généralement élevées dans des habitudes de malpropreté. La religion de ce peuple consiste dans le culte des éléments, et en particulier dans celui du feu. Chaque matin on voit un grand nombre de Parsis se réunir sur l'Esplanade et se prosterner devant le soleil, au moment où il sort de l'Océan. Les Parsis demeurent strictement attachés à leurs anciennes coutumes; leurs funérailles se font sans grandes cérémonies; ils déposent les corps en plein air pour être dévorés par les oiseaux de proie; un gardien veille avec soin pour observer lequel des yeux est le premier becqueté par les vautours et les corneilles. Si c'est l'œil gauche, une sentence rigoureuse, disent-ils, a été prononcée contre ie défunt; si c'est l'œil droit, l'arrêt du ciel lui a été favorable.

La ville de Bombay est devenue le centre d'un commerce étendu avec les diverses contrées qui bordent les côtes du golfe Persique et de la mer d'Arabie, ainsi qu'avec les côtes occidentales et orientales de l'Inde, et surtout avec la Chine, où elle expédie chaque année des quantités considérables de coton. Les autres articles d'exportation sont le bois de sandal, les perles, la gomme que fournissent l'Arabie, l'Abyssinie et la Perse; le poivre de la côte de Malabar; les nids d'oiseaux et les autres provenances des Maldives et des îles du Levant; enfin les dents d'éléphant qu'on tire de Cambaye.

CHINE.

PÉKING.

Péking, dit lord Macartney, dans la relation de son embassade, est entourée d'une muraille épaisse assez haute, et dont les grandes portes ont de loin un aspect imposant et majestueux. Dès que nous fûmes dans l'intérieur de cette capitale, l'empressement de la multitude nous parut insupportable; et c'est à peine si les coups distribués par les soldats qui nous conduisaient, et que nous étions loin d'approuver, nous donnèrent le moyen de traverser la ville.

La première chose qui captiva mon attention, fut le grand nombre de chaises-à-porteur des dames, qui avaient jusqu'à vingt porteurs à la fois, et étaient suivies d'autant de domestiques. Il m'est impossible de peindre la variété des couleurs, les draperies, les rubans et les autres ornements qui parent ces voitures. Ce qui y manque en fait de goût est remplacé par la richesse et la somptuosité. Mes yeux furent ensuite frappés de la quantité de peintures et de dorures qui couvraient l'extérieur des maisons, et bientôt ils se fatiguèrent de regarder les gros caractères dorés qui brillaient sur les longues enseignes des boutiques, l'épaisse dorure des portes et des balustrades, les couleurs tranchantes qui s'y mêlaient, et le nombre considérable et varié de lanternes de papier suspendues de tous côtés.

Les rues de Péking sont larges et sans pavés. L'été, on a soin de les arroser, ce qui n'empêche pas qu'il ne s'y élève une poussière étouffante. Les maisons n'ont pas d'étages, ou du moins c'est une règle à laquelle il y a très-peu d'exceptions; mais on y

Porte de Pékin, p. 121

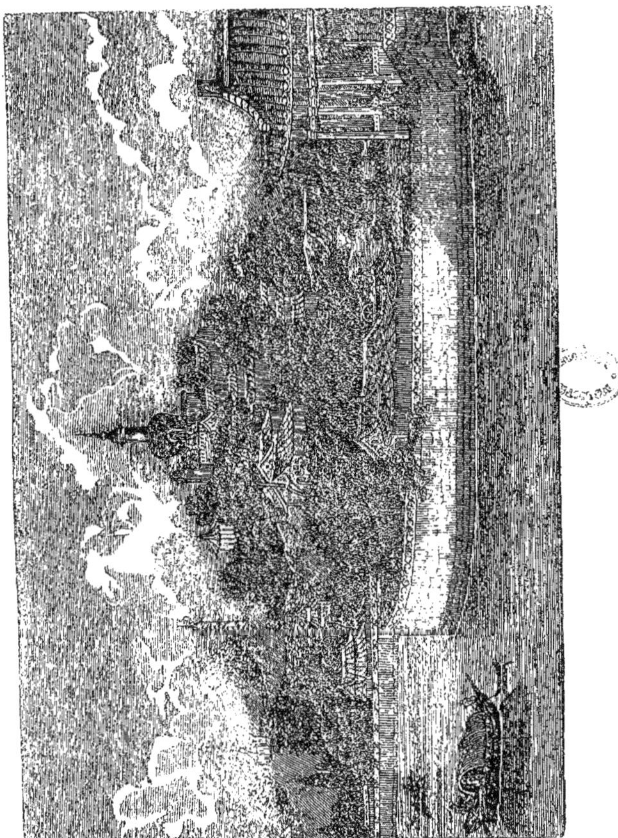

Vue du Palais Impérial de Pékin, p. 122.

voit beaucoup de galeries et de balcons. Le devant des maisons est sans fenêtres, et presque toujours occupé par des marchands ou des gens de métiers. Il n'y a qu'une seule porte d'entrée, et il est impossible que, de la rue, on puisse voir dans l'intérieur des appartements ; les toits sont carrés, et ont leurs angles très-allongés, pointus et recourbés. Les tuiles qui les couvrent sont cuites, et pourtant la couleur en est grise. On voit des maisons où le toit entier est couvert d'un vernis jaune et très-brillant.

Les Chinois aiment à voir dans leurs jardins des rochers artificiels, de petites montagnes, des groupes d'arbres plantés au hasard, des eaux, et des demeures ombragées et solitaires.

A l'exception du principal bâtiment, tout était négligé et presqu'en ruine dans la maison de plaisance où l'on nous conduisit. Quelques appartements étaient ornés de tableaux qui, d'après la parfaite imitation des objets et l'éclat du coloris, méritaient l'admiration des connaisseurs. Les maisons situées à côté de celle que nous habitions ne pouvaient guère être habitées. L'excessive chaleur nous aurait fait singulièrement souffrir, si l'on ne nous eût pas fourni, soit dans cette maison de plaisance, soit à Péking, et même en Tartarie, une grande quantité de glace. Les Chinois en font une grande consommation pendant l'été.

Les palais chinois sont très-différents des palais européens. Celui où l'on mit les présents destinés à l'empereur s'élève au milieu d'un parterre, et consiste en un édifice d'environ 90 pieds de long sur 40 de large. L'extérieur en est très brillant. On y voit des fleurs et des dragons sculptés, dorés et en partie couverts d'un réseau d'archal, pour empêcher les hirondelles d'y faire leur nid. L'œil ne peut de loin soutenir l'éclat de cet édifice ; mais dès qu'on approche, on remarque aisément le travail grossier de la sculpture et le mauvais goût avec lequel elle est dorée. La salle est carrelée en marbre blanc. Dans le milieu s'élève un trône avec des marches, autour desquelles est une balustrade d'un bois rouge foncé et très-bien sculpté. Des deux côtés du trône, on voit deux éventails de plumes faits avec beaucoup d'art. Au-dessus du trône, on lit en gros caractères dorés, *Tschinn ta quann min*, ce qui signifie : la vraiment grande et resplendissante lumière. Le trône est couvert de drap jaune, et le pavé tout autour d'un tapis rouge. On voit, dans la salle, des pendules organisées, des tableaux et différents chefs-d'œuvre des arts chinois. Les fenêtres ne sont garnies que de papier blanc de Gorée ; mais comme le toit est très-avancé, ce papier est à l'abri de la pluie ; de grandes colonnes de bois peintes en rouge et vernissées supportent la couverture de l'édifice. A l'entrée du palais sont deux figures colossales, en bronze, représentant les dragons à cinq griffes, qui sont les armoiries de Sa Majesté impériale.

Pendant que nous étions dans cette résidence, il y eut une éclipse de lune. Elle n'eut pas plus tôt commencé, que nous entendîmes le grand bruit qu'on faisait dans une petite ville voisine, appelée *Kian-kai-ken;* les petites cloches, les bassins, les claquets et une espèce de tambour firent peur au dragon qui tenait déjà la lune dans ses dents, et il l'abandonna.

Un savant anglais, Barrow, attaché à l'ambassade de lord Macartney, dit, dans une autre relation de ce voyage, n'avoir aperçu de canons ni sur les murailles ni sur les bastions des remparts de Péking; mais en revanche il en avait vu la représentation en peinture sur les portes qui garnissent les embrasures des tours à plusieurs étages qui dominent ces fortifications pour rire. Barrow ajoute que le fameux boulevart qui borne la Tartarie, et les remparts de toutes les villes de la Chine, sont construits comme ceux de Péking, c'est-à-dire qu'ils sont hors de terre et composés d'un massif de terre compris entre deux revêtements faits de pierres et de briques.

A Péking, on ne voit pas même une cheminée s'élever au-dessus du toit des maisons, qui sont toutes de la même hauteur. Ces maisons basses, alignées avec soin, rappellent par leur aspect et la régularité de leur disposition, l'image d'un vaste camp. Cette ressemblance serait même parfaite, si les toits, au lieu d'être verts, rouges ou bleus, étaient peints en blanc. La plupart de ces maisons ont une espèce de terrasse ou de balcon, orné d'une balustrade, et sur lequel sont des fleurs et des arbustes.

On n'aperçoit jamais dans les rues de Péking ni excréments, ni aucune de ces espèces de saletés qui repoussent la vue et offensent l'odorat. Cette propreté doit être attribuée au prix élevé du fumier. Chaque famille a une grande jarre, dans laquelle on ramasse avec soin tout ce qui peut servir à fumer les terres,

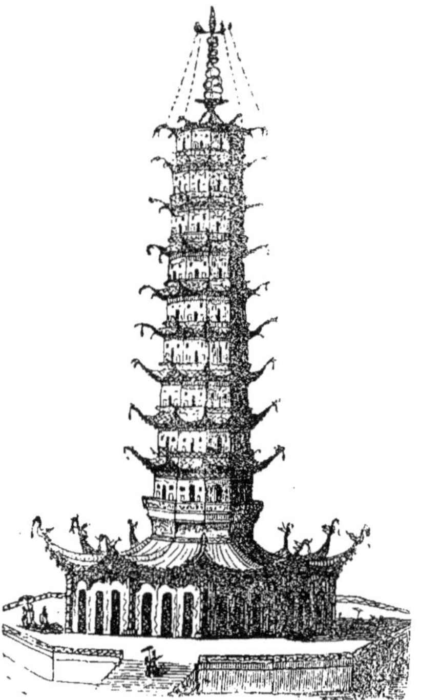

Tour de porcelaine de Nankin.

Pompe funèbre, p. 125.

Voiture de provision, p. 125.

NANKIN.

Nankin, appelé aujourd'hui *Kian-Ning-Fou*, est dans un mouvement de décadence rapide ; un grand espace, quoique toujours coupé de chemins pavés, n'est occupé que par des jardins et des bouquets de bambous, au milieu desquels sont éparses quelques maisons. La partie habitée est située vers l'angle des montagnes, et contient encore dans son enceinte plusieurs jardins.

Au milieu de la ville s'élève une tour d'une construction singulière, que les voyageurs européens ont toujours admirée. — Elle est recouverte de porcelaine ; sa hauteur est de deux cents pieds environ, et elle est divisée en neuf étages auxquels on parvient par un escalier composé de cent quatre-vingt-quatre marches d'une grande dimension. A chaque étage est une galerie entourée d'une colonnade et protégée par un toit relevé à la manière des Chinois, aux angles duquel sont suspendues des cloches de bronze qui, lorsque le vent les agite, rendent des sons harmoniques d'un effet surprenant.

La tour est peinte au dehors de couleurs brillantes qui ajoutent au pittoresque de son aspect, et son sommet est couronné par une flèche en bois que les Chinois disent être recouverte d'une lame d'or fin. Du haut de cet édifice, l'œil embrasse non seulement l'immense étendue de Nankin, mais toute la contrée environnante. La vue de cette cité magnifique et de ce paysage riche et varié qu'enveloppe le fleuve dans ses immenses sinuosités, est un des plus beaux spectacles qui puissent s'offrir aux voyageurs.

L'origine de cette tour est peu connue. — Les uns veulent y voir un monument de piété, les autres un monument de la victoire remportée par les Chinois sur les Tartares, il y a sept cents ans. Ce qu'il y a de bien positif, c'est que ces derniers l'ont respectée lors de leur dernière irruption et de la dévastation de Nankin.

VILLES ANCIENNES ET MODERNES

DE L'AFRIQUE.

RUINES DE CARTHAGE.

De l'autre côté de la Méditerranée s'élevait une ville puissante. Rome avait subjugué tous les petits peuples de l'Italie, et toute la Péninsule obéissait à ses lois; déjà elle jetait un regard de convoitise sur la Sicile, dont elle n'est séparée que par le détroit de Messine. Jusque là les deux villes étaient restées inconnues l'une à l'autre; maintenant que leurs frontières se touchent, elles vont devenir rivales, et bientôt ennemies. Une lutte violente s'engagea, et après une longue guerre, l'Afrique fut enfin réduite à demander la paix; elle l'obtint, mais à des conditions bien gênantes pour son commerce. Aussi saisit-elle la première occasion favorable pour la rompre. A cette époque, un homme, sorti de ses murs encore enfant, passe en Espagne, y réduit en cendres Sagonte, l'alliée des Romains, traverse les forêts de la Gaule, au milieu de peuples belliqueux et féroces, passe les Alpes avec une poignée de soldats, se jette sur les plaines fertiles qu'arrose le Pô, et, par trois sanglantes batailles, jette la terreur dans Rome. Soutenu uniquement par la haine mortelle qu'il avait jurée, sur l'autel et entre les bras de son père, à la rivale de sa patrie, il résiste pendant quinze années aux efforts de l'Italie entière; puis, forcé de céder, il se retire en Afrique, y combat encore son jeune et brillant adversaire, et, chassé par l'ingratitude de ses concitoyens, il va chercher dans le fond de l'Asie-Mineure des ennemis à Rome, et y meurt presque oublié par sa patrie, mais non par la haine du sénat italien, qui ne respira qu'à sa mort. Cet homme était Annibal; lorsque son bras puissant ne put plus protéger l'Afrique, la ruine de Carthage devint inévitable. Aussi, malgré le courage désespéré de ses habitants, tomba-t-elle sous les coups de Scipion, qui ne laissa à sa place qu'un monceau de ruines fumantes, sur lesquelles Marius venait, au soleil couchant, méditer sur l'instabilité de la fortune. Ainsi finit cette guerre à jamais mémorable, dans laquelle figurent tant de noms illustres : Régulus, Hamilcar, les Scipion, Fabius, Annibal et Sophonisbe, la fille

Carthage, p. 126.

d'Asdrubal, dont les charmes eurent tant de pouvoir sur le Numide Syphax. Elle avait duré près de trois siècles.

Longtemps après, des pêcheurs relevèrent l'ancienne ville de ses cendres, et, par l'ordre d'un empereur romain, elle redevint une grande ville.

Plus tard, comme si sa vieille haine contre Rome s'était ranimée, on vit encore une fois des flottes sortir des ports de la nouvelle cité, et aller porter la désolation sur les bords du Tibre. La ville de César ne prononça plus sans effroi le nom de Carthage; car, derrière ces murs qui comme un géant ennemi s'élevaient sur l'autre rive de la mer, veillaient ces Goths sauvages commandés par Alaric et Genseric, qui, impatients de s'asseoir sur le trône du monde, brisaient de leur lourde *framée* le vieil empire romain, dont l'agonie était trop lente à leur gré. Puis la cité africaine tombe elle-même aux mains des Maures, et, au temps des croisades, saint Louis vient mourir dans ses murs sur un lit de cendres. Quelques centaines d'années s'écoulent ; déjà d'épaisses ténèbres couvrent l'antique ville, et elle périt peu à peu, soit par la main des barbares, soit par les coups du temps.

L'ancienne capitale des Carthaginois était bâtie sur une petite presqu'île, et se divisait en trois quartiers, dont l'emplacement est occupé aujourd'hui par un bourg appelé Alalkat. Des remparts flanqués de tours l'environnaient, et à ces remparts était adossé un bâtiment servant à loger 300 éléphants et 4,000 chevaux, avec le fourrage nécessaire ; non loin de là était une caserne pouvant contenir 20,000 fantassins et 4,000 cavaliers. Elle avait deux ports joints par un petit canal qui servait de communication ; au milieu du port militaire était une petite île qu'occupait, en grande partie, le palais de l'amiral, et qu'entouraient des loges destinées à abriter les galères; cette île était nommée Cothon. La citadelle, appelée Byrsa, s'élevait sur une colline, non loin du temple d'Esculape, où la femme d'Asdrubal se poignarda ainsi que ses enfants, pour ne pas survivre à la ruine de sa patrie et à l'ignominie de son lâche époux. La langue punique paraît avoir été un dialecte de l'ancien chaldéen, du moins s'il faut en juger par un fragment conservé dans l'une des comédies de Térence, qui est le seul monument échappé à la destruction. Des fouilles modernes exécutées sur ses ruines ont donné quelques vases assez élégamment travaillés, des médailles, des cippes funéraires, des pierres gravées représentant le soleil, la lune et diverses constellations; on y trouve aussi fréquemment reproduits un cheval et une main aux doigts écartés. Ces restes, ainsi que d'assez beaux fragments de colonnes, se voient dans divers musées, mais surtout à Leyde.

Aujourd'hui, les voyageurs que la tempête jette sur ces rivages déserts cherchent en vain à reconnaître la place où s'éleva la ville de Didon; quelques pans des môles qui défendaient les ports, maintenant comblés, quelques citernes, des débris d'aqueducs d'origine romaine, sont tout ce qui reste de la cité fameuse où passèrent tant de générations. Dans les mares d'eau salée qui l'environnent, le flamant qui couve ses œufs semble de loin la fleur écarlate de quelque plante gigantesque ; des moutons paissent sur ses ruines, des cavaliers maures galopent parmi ces tristes décombres, le vent du désert gémit dans les crevasses de quelques murs ruinés, et la mer, autrefois couverte de ses nombreux vaisseaux, déroule ses vagues bleues sur des sables arides, où croissent de rares et chétifs caroubiers. Voilà Carthage !...

THÈBES.

Thèbes fut bâtie, selon quelques mythologues, par Osiris, l'un des grands dieux de l'Egypte, fils de Jupiter et de Niobé; selon d'autres, par Busiris, roi d'Egypte, fils de Neptune, lequel sacrifiait inhumainement tous les étrangers à Jupiter.

Thèbes avait encore quatre-vingts stades, ou environ cinq lieues de longueur, au commencement de l'ère chrétienne; mais c'était peu en comparaison de son ancienne grandeur avant qu'elle eût été ruinée par Cambyse. A cette époque, elle n'avait pas moins de quatre cent vingt stades, ou environ dix-huit lieues de longueur. On dit que Thèbes, dans sa plus haute prospérité, pouvait faire sortir deux cents chariots et dix mille combattants par chacune de ses cent portes. D'après l'épitaphe de Rhampsès, qui régna sur l'Egypte en l'an 1553 avant Jésus-Christ, et dont le monument sépulcral a été représenté en plusieurs planches *dans le grand ouvrage sur l'Egypte*, sept cent mille soldats étaient logés dans Thèbes, ce qui peut faire comprendre combien était nombreuse la population de cette grande cité.

On lit dans Diodore de Sicile, célèbre historien grec, contemporain d'Auguste, les détails suivants : « Nous avons entendu dire que plusieurs des rois de l'Egypte eurent à cœur d'orner cette cité de riches ouvrages d'or, d'argent et d'ivoire, ainsi que d'une multitude de statues colossales, de sorte qu'il n'y avait pas sous le soleil une ville où l'on comptât un si grand nombre de colonnes d'une seule pierre. Les bâtiments ont subsisté jusque dans

Ruines de Thèbes, p. 128.

les temps modernes; mais l'or et l'argent et tout le luxe de l'i-
voire et des pierres précieuses furent pillés par les Perses, lorsque Cambyse mit le feu aux temples de l'Egypte. Les richesses de
ce pays étaient si grandes à cette époque, qu'après le pillage et
l'incendie, on retira des décombres plus de trois cents talents
d'or, et deux mille trois cents talents d'argent. »

Thèbes fut pillée une première fois par les Assyriens et les Babyloniens; une seconde fois par les Perses; une troisième fois
par les Romains, *ces ravisseurs des biens des nations*, selon la belle
expression de Racine. Ptolémée Latyrus, roi d'Egypte, assiégea
Thèbes pendant trois ans, après avoir défait dans une bataille les
troupes rebelles qu'elle avait armées. Il prit la ville l'an 81 avant
Jésus-Christ, et acheva de la ruiner. Latyrus, maître de Thèbes,
la châtia si rudement de sa rébellion, qu'il fit de la plus grande
et de la plus riche cité de l'Égypte une ville insignifiante qui,
depuis lors, n'a jamais pu relever la tête.

Les ruines de l'ancienne Thèbes occupent une étendue assez
considérable pour convaincre le spectateur que la renommée n'a-
vait pas exagéré sa grandeur. Ses monuments gisent sur deux
chaînes de montagnes contiguës, pendant que ses tombeaux remplissent les vallées de l'ouest, bien loin dans le désert. Un vaste
temple élevé à l'est de la ville est distant de plus de deux lieues
et demie de Medinet-Abu, où se trouve le temple le plus occidental. Le village arabe de Karnac est bâti sur une petite partie de
l'emplacement de l'un de ces temples.

Des cent colonnes qui composaient le seul portique, les plus
petites ont sept pieds et demi de diamètre, et les plus grandes,
douze. L'espace dans lequel est tracée la circonvallation du
temple contient des lacs et des montagnes. En un mot, pour pouvoir se faire une idée juste d'une telle magnificence, le lecteur
doit se figurer ce qu'il pourrait voir dans un rêve. L'avenue qui
conduit de Karnac à Luxor, dans un espace de près d'une demi-
lieue, contient une suite non interrompue de sphinx et d'autres
figures fantastiques, à droite et à gauche, mêlées de débris de
murailles, de petites colonnes et de statues.

Luxor est pareillement bâti sur l'emplacement d'un temple
ruiné, lequel est moins large que celui de Karnac, mais dans un
meilleur état de conservation, les masses n'en ayant pas encore
croulé sous l'effort du temps, joint à celui de leur propre poids.
Les parties les plus colossales consistent en quatorze colonnes
de près de onze pieds de diamètre, et en deux statues de granit
placées à la porte d'entrée, lesquelles sont enfoncées dans la terre
jusqu'à mi-bras, et font face à deux des obélisques les plus grands
et les mieux conservés que l'on connaisse.

Rien ne saurait être plus grand et en même temps plus simple que le petit nombre d'objets qui ornent la porte du temple servant maintenant d'entrée au village de Luxor. Il n'y a pas de cité qui s'annonce par une aussi magnifique avenue que ce village misérable, dont la population s'élève à peine à deux ou trois mille habitants qui se sont logés sur les toits et sous les galeries de ce temple, lequel n'en a pas moins l'air d'être inhabité.

En visitant le palais de Luxor, les premiers objets qui attirent l'attention, sont deux obélisques d'un seul bloc, lesquels sont placés en avant d'un môle à la distance d'environ quatorze pas. Entre les obélisques et le môle sont deux statues colossales de granit noir éloignées du môle de trois pas, et de huit pas des obélisques ; de telle sorte que, dans un espace de quelques pieds, on a rassemblé d'énormes monuments, dont chacun, pris isolément, étonnerait le spectateur par sa grandeur et sa masse. Le goût des Egyptiens les portait à amonceler sur un point des objets que les civilisations modernes s'appliquent au contraire à disséminer, pour en faire ressortir les beautés en les isolant. On pourrait encore reprocher aux architectes de ce pays l'absence de symétrie dans la disposition de ces monuments. Ni les obélisques, ni les figures colossales ne sont en ligne les uns avec les autres pas plus qu'avec la porte.

Mais on oublie bientôt ce défaut d'ensemble, quand on observe l'admirable exécution des détails ; l'art contemporain ne peut montrer aucun monument qui soutienne la comparaison avec ces obélisques. Les barbares qui détruisirent les monuments de la Haute-Egypte, semblent en quelque façon avoir respecté les obélisques, et, quoiqu'ils aient essayé de couper l'un d'eux par sa base, dans le dessein de le renverser, on dirait que même dans cette profanation, ils ont évité de toucher aux figures qui le décorent. Ces figures sont disposées sur trois colonnes : celles du milieu sont creusées à une profondeur de deux pouces, celles des deux autres rangs sont à peine taillées, et cette différence de relief varie le reflet et le jeu des ombres. Les quatre faces présentent le nom et le prénom de Rhampsès ou Sésostris, et contiennent ses louanges et le récit de ses travaux. Ce Rhampsès est évidemment le grand homme de guerre dont les conquêtes, retracées sur les monuments de la Haute-Egypte et de la Nubie, s'étendirent à la Syrie, à l'Ethiopie et même à la Grèce.

Ces deux obélisques, dans l'état où ils étaient avant l'expédition scientifique qui amena l'un d'eux sur l'une des plus belles places de la capitale, avaient leur base plongée alors dans la terre à une profondeur de quinze pieds. C'est le plus petit des deux que M. Lebas, l'ingénieur distingué chargé de cette expédition, a choisi comme étant d'une conservation plus parfaite et d'un transport plus facile, et cependant il pesait cinq cent mille livres. Il

Alexandrie, p. 131.

fallut pratiquer un chemin, ou plan incliné, depuis l'obélisque jusqu'au navire *le Louxor* (telle est l'orthographe du nom donné au bâtiment), et pour cela trancher deux monticules d'antiques décombres et démolir la moitié du village qui se trouvait sur la route; travaux immenses, qui ont demandé les bras de huit cents hommes pendant trois mois!

A gauche, en s'éloignant du môle, est une colonnade où se mêlent des habitations turques. Les deux ailes de l'édifice qui étaient derrière le môle sont entièrement délabrées; elles conduisent à une seconde colonnade qui subsiste encore et est formée de deux rangs de colonnes en forme de lothos. Sa hauteur totale est de cinquante-six pieds, son diamètre de neuf, l'espace entre les chapiteaux de treize, et l'entre-colonnement de quinze.

A quinze pas à droite et à gauche de la grande colonnade commencent deux autres rangs de colonnes, dont les chapiteaux imitent les rejetons d'un lothos coupé : le diamètre des colonnes est de cinq pieds, leur hauteur de trente, et l'entre-colonnement de huit. Cette colonnade coupe à angles droits celle des colonnes en forme de lothos. Au milieu se trouve un espace qui servait comme d'avenue au palais dont la porte paraît en face. Cette porte avait été murée par les chrétiens qui y pratiquèrent une niche où était placé leur autel. Ils l'avaient revêtu de plâtre et décoré de peintures à fresques représentant les saints. Le portique servait d'église, et l'avenue de nef. Cette porte conduit à un appartement carré de quarante pieds de côté, dont le plafond est supporté par quatre colonnes. A l'extrémité du palais, sans parler des autres appartements qui le composent, il y a un sanctuaire qu'on peut supposer avoir été la chapelle du palais. Les peintures dont il est orné sont d'un beau travail.

Le plan général de cet édifice autorise à conjecturer qu'il était composé d'environ soixante corps de bâtiments. Il faut convenir que des ruines aussi prodigieuses permettent à peine de suspecter d'exagération les descriptions presque fabuleuses que les anciens nous ont faites de la ville aux cent portes.

ALEXANDRIE.

Au temps de la domination des Grecs comme sous celle des Romains, Alexandrie dut contenir peu de monuments célèbres, du moins les géographes anciens n'en font-ils pas mention. Strabon se contente de dire qu'elle fut bâtie par Alexandre le Grand, et Ptolémée n'en parle que pour nous dire qu'elle était comprise dans la province *Aria*, et qu'en conséquence on l'appelait *Alexandria Ariorum*. Peut-être aussi, comme tant d'autres villes autrefois fameuses dans ces belles contrées, tout son ancien éclat s'est-il effacé. Ce qu'il y a de certain, c'est que l'Alexandrie moderne n'est guère qu'un misérable hameau qui ne doit sa faible existence qu'à la rade qu'il commande. Dans ce triste séjour, tous les habitants portent les traces de l'air fiévreux qui les dévore : jaunes et presque tous hydropiques, on dirait, à voir leur ville de sépulcres, une génération échappée un moment du tombeau.

Dans le moyen âge, elle fut témoin des exploits chevaleresques des croisés, et ses habitants purent entendre le bruit des murs d'Antioche croulant sous les coups des bandes que conduisaient les Godefroi, les Tancrède et les Raymond de Toulouse. Encore aujourd'hui l'on voit, non loin de son enceinte, des restes de tours sur l'emplacement d'un château fort bâti par Godefroi.

Alexandrie, plus vulgairement connue sous le nom d'Alexandrette, ou sous celui de Skandaroun, que lui donnent les Syriens, est le port d'Alep : c'est de là que s'exportent toutes les marchandises arrivées de l'Inde et de la Perse, par les caravanes de Bagdad; c'est là aussi qu'abordent les vaisseaux européens, Alexandrette étant le port le plus sûr de la côte de Syrie, presque toujours tourmentée par les vents du sud et de l'ouest, et par ces tourbillons quelquefois effrayants qui se précipitent des cimes du Liban, et chassent au loin les vaisseaux sur leurs ancres.

TOUR DES TETES,

A ZERBI

L'île de Zerbi, ou île des Lotophages, voisine de la côte de Tunis, est séparée du continent par un canal qui n'a, sur quelques points, pas plus de dix toises de largeur. Au centre de l'île s'élève un arc-de-triomphe assez bien conservé; il fut élevé en l'honneur de l'empereur Antonin et de son collègue Varus. Dans

Tour à Zerbi, p. 133.

Boolibany, p. 134.

l'île de Zerbi, on voit un triste monument; c'est une espéce de pyramide d'environ trente pieds, bâtie avec les têtes des Espagnols qui périrent dans le combat qu'ils soutinrent en 1558, sous la conduite de Médina-Cœli et André Doria, contre les Ottomans, dont Cara Moustapha commandait l'armée. La population de l'île de Zerbi, assez considérable, est dispersée dans plusieurs villages ou hameaux à peu distance les uns des autres. Le grand marché est établi près du port, vers lequel se trouve un vieux château nommé Menâgs ou Menaques, dénomination qui se rapproche de Meninx que portait anciennement l'île. Les Zerbiens parlent deux langues : l'arabe et le chillon ; ils passent pour avares à Tripoli et à Tunis, et on les traite de schismatiques comme sectateurs d'Ali. Du reste, ils sont de nos jours fort doux et hospitaliers.

LE BONDOO.

Le royaume de *Bondoo* est borné au sud par un vaste désert.

Les vallées où sont situés les villes et villages sont défrichées par la culture. D'innombrables torrents, plus ou moins considérables, coulent en tous sens à travers ces vallées, et les arrosent pendant la saison des pluies. Un grand nombre d'arbres fruitiers, agréablement dispersés dans les vallées enrichies de villes et de villages entourés de plantations de cotonniers et d'indigo, leur donnent l'aspect le plus pittoresque.

Boolibany, la capitale du Bondoo, est située dans une vaste plaine, au pied d'une chaîne de montagnes nues et pelées.

Cette bourgade est la résidence du roi. Sa population est tout au plus de quinze à dix-huit cents habitants, dont le plus grand nombre sont alliés, esclaves, ouvriers ou serviteurs de l'almamy, ou bien de la famille royale. Boolibany est entouré d'un mur en terre glaise de dix pieds de haut sur dix-huit pouces d'épaisseur. Elle a cinq portes avec quelques pans de murailles que surmontent des petites tours placées symétriquement, ayant neuf à dix pieds carrés, et percées de meurtrières, ce qui donne à cette place une apparence assez formidable.

Les palais de l'almamy et de sa famille sont adossés aux murailles, à l'ouest de la ville, et entourés de murs plus épais et plus élevés, construits de la même façon et de la même matière ; ces palais se touchent, mais sans avoir aucune communication intérieure

La mosquée est dans le plus pitoyable état, et presque entièrement dépouillée du chaume qui lui servait de toiture; les murs, construits en terre glaise, ont environ neuf pieds de haut, et le toit se compose d'une charpente grossière, et supportée au centre par trois forts piliers fourchus, hauts de dix-huit pieds. La prière se dit dans la mosquée cinq fois par jour, avec la dévotion extérieure la plus fervente. La ville se compose de rues étroites, sales et irrégulières, et l'extérieur des murailles est un réceptable d'immondices, d'où s'exhalent, surtout dans la saison des pluies, les miasmes les plus délétères. Les huttes ou maisons sont de forme et de construction diverses. Quelques-unes sont entièrement bâties en terre et en charpente grossière que recouvre un toit plat; d'autres sont rondes, avec des murs en terre comme les premières, et un toit de forme conique, composé de bâtons recouverts de longues herbes sèches employées comme le chaume; les portes sont basses et incommodes, particulièrement celles des huttes rondes, et d'autant plus désagréables qu'elles servent à la fois de porte, de croisée et de cheminée.

Les palais de l'almamy et de tous les membres de la famille royale ont le même inconvénient, et ne se ressemblent point. Seulement ces édifices sont construits sur une plus grande échelle; l'intérieur se trouve divisé en plusieurs petites cours, séparées par des murs de terre à hauteur d'appui. Dans l'une sont les logements des femmes, dans les autres les magasins d'armes, de munitions, de marchandises et de grains. Les murs ont environ treize pieds de haut, et sont garnis dans leur pourtour à l'intérieur de petites chaumières carrées, qui servent de cuisines, d'étables ou de logements pour les esclaves et pour divers autres besoins du service. Les toits de ces chaumières sont plats, et dans les cas d'attaque, on y place des combattants, qui s'y trouvent défendus et garantis par le parapet que forme la muraille.

Les habitants de Bondoo suivent la religion mahométane, mais pas aussi régulièrement que les autres contrées de l'ouest de l'Afrique, dans la plupart des villes, ils ont des écoles où l'on se borne à enseigner à leurs élèves la lecture, et l'écriture prise seulement dans le Koran. Les habitants de Bondoo sont d'une taille moyenne, très bien faits et très actifs; leur couleur est cuivrée.

Les femmes sont vives; elles ont la taille svelte et des traits et des formes dignes d'être enviés par les plus belles européennes.

Alger, p. 131.

ALGER.

Alger est bâti en amphithéâtre sur le flanc oriental et fort incliné d'une colline dont la base est baignée par la mer. Son enceinte triangulaire a un développement de trois mille mètres environ. Le front de mer regarde l'orient; les deux autres fronts, moins développés, sont tournés, l'un vers le nord-ouest, l'autre vers le sud-ouest. Le point où ils se réunissent est le plus élevé de l'enceinte; il se trouve à 124 mètres au-dessus du niveau de la mer. Sur les fronts nord-ouest et sud-ouest, l'enceinte consiste en un mur non bastionné et dont le pied n'est défendu que par des flancs extrêmement courts. Il n'y a d'artillerie que sur un petit nombre de pentes; les remparts sont trop étroits pour qu'on puisse en établir. Dans plusieurs parties, les maisons adossées au revêtement ne laissent pas assez d'espace pour les fusiliers. En avant du front sud-ouest, on remarque une forte dépression à laquelle un mur parallèle à celui de la place donne l'aspect d'un fossé. L'autre front, du côté de la terre, est couvert, dans toute son étendue, par un ravin assez profond. Le port ou la darse est formé par un môle qui joint au continent les petits îlots auxquels Alger paraît devoir son nom; une chaîne en ferme l'entrée. Plusieurs des batteries qui y sont établies sont casematées et disposées sur différents étages.

La ville a cinq portes : deux ouvrent sur le front de la mer ; deux autres aux extrémités inférieures des deux autres fronts : c'est Bab-Azoun à l'ouest, Bab-el-Oued à l'est. La cinquième porte, que l'on nomme Porte-Neuve, appartient au même front que la porte Bab-Azoun, et se trouve à 120 mètres environ de la Kasbah.

Au sommet de l'angle formé par le plateau des deux fronts de terre, s'élève en manière de citadelle la Kasbah, en arabe la forteresse, dont les murs excèdent la hauteur de ceux de l'enceinte. En avant de cet ouvrage, et à peu près dans la même direction que la route qui mène à Sidi-Ferruch, s'étend une chaîne de monticules qui s'élèvent à mesure qu'on s'éloigne d'Alger. C'est sur l'une de ces éminences qu'en 1544 Charles-Quint établit ses quartiers. Après la retraite de l'armée espagnole, Hassan, qui gouvernait alors l'Odjack, voulut mettre cette importante position à l'abri d'une nouvelle tentative, et y fit élever un fort qui fut appelé d'abord du nom de son fondateur, citadelle de Mulei-Hassan, et plus tard, Sultan-Calossy, fort de l'Empereur, en mémoire sans doute de la victoire remportée sur le sultan chrétien.

Le fort de l'Empereur était le seul qui pût faire une défense sérieuse, et encore était-il dominé par le plateau supérieur du Boudjeareah.

Au premier aspect, les quatre ou cinq mille maisons dont se compose la ville ne présentent qu'une masse confuse et compacte sans issue et sans jour ; mais on ne tarde pas à reconnaître les voies principales qui entretiennent la circulation dans ce pâté de maisons, de bazars, de casernes et de mosquées. Les rues les plus vastes n'ont guère, dans leurs plus belles parties, que six à sept mètres de large. La plupart des autres sont voûtées et tellement resserrées, que, de distance en distance, on a dû ménager des retraites où s'arrêtent les bêtes de somme pour attendre qu'on leur livre passage : deux hommes ne sauraient y marcher de front.

Les maisons sont bâties de briques et de pierres ; toutes sont exactement semblables ; quant à la forme, elles ne diffèrent que par la dimension : partout elles sont carrées, et ont au milieu une grande cour pavée autour de laquelle règnent des galeries soutenues par des colonnes. Les appartements donnent sur ces galeries, qui sont ordinairement surmontées d'une terrasse.

Les boutiques, à notre arrivée, n'étaient que de misérables échoppes où le marchand attendait, accroupi les jambes croisées, que l'acheteur se présentât ; elles sont fermées sur le devant à hauteur d'appui, et l'on n'y entre pas. Que l'on se figure un pêle-mêle de sales étaux de bouchers, de boutiques de cordonniers, de fruitiers, de fripiers, d'épiciers, et l'on aura une idée de la plupart des quartiers marchands.

En 1830, la partie supérieure de la ville, entre la Kasbah et la rue Bab-Azoun, paraissait presque déserte ; on n'y rencontrait que quelques vieilles femmes entièrement enveloppées de longs voiles de laine, ou de jeunes négresses qui allaient à la fontaine, ayant pour tout vêtement une grande pièce de toile de Guinée à carreaux blancs et bleus, dont elles se drapaient voluptueusement de la tête aux pieds.

Il y a à Alger cinquante-neuf mosquées, neuf grandes et cinquante petites. Elles sont desservies par des *imans*, sous la direction des *muphti*, qui sont les pontifes. On les reconnaît à l'étole blanche qu'ils portent constamment sur leur costume. Les coupoles des mosquées correspondent au chœur des églises chrétiennes ; l'intérieur et la distribution ressemblent à ceux de nos églises gothiques.

Alger avait autrefois des faubourgs très-étendus ; ils furent démolis après la retraite de Charles-Quint, dans la crainte que les Espagnols ne s'en servissent dans une prochaine agression.

Depuis 1830, de grands changements se sont opérés à Alger

Constantine, p. 138.

La croix s'est implantée triomphante à côté du croissant. Dès les premiers jours de notre occupation, plusieurs établissements furent consacrés au culte catholique. L'église des Lazaristes fut rouverte, et le 24 décembre 1832, une des plus jolies mosquées fut consacrée aux cérémonies romaines. A Alger, où, distraction faite de la garnison, on ne compte pas moins de douze mille catholiques, il y a maintenant un évêché, deux séminaires, plusieurs couvents d'hommes et de femmes, quatre chapelles et cinq églises. Des routes nombreuses ont été achevées, d'autres sont en voie d'exécution. Celles qui sont terminées offrent aujourd'hui un développement de près de cinq cents lieues. L'Algérie tend partout à prendre un aspect de civilisation.

CONSTANTINE.

La ville de Constantine (*Cirta*, des anciens, *Cossentina* des Arabes), située au-delà du Petit-Atlas, est bâtie sur un plateau en partie entouré de rochers, dans une presqu'île contournée par la rivière et dominée par les hauteurs de Mansourah et de Coudiat-Aty. L'Oued-Rummel coule au fond d'un ravin qui, comme un immense fossé, défend de deux côtés l'approche des murailles. La ville a quatre portes, trois au sud-ouest, et la quatrième, Bab-el-Kantara (porte du Pont), à l'angle en face du vallon compris entre le mont Mansourah et le mont Mecid. Le pont, d'où elle tire son nom, large et fort élevé sur trois étages d'arches, est de construction antique dans sa partie inférieure.

Constantine, qui, selon les Arabes, a la forme d'un burnous déployé, dont la Kasbah représente le capuchon, a trois places publiques de peu d'étendue. Les rues sont pavées, mais étroites et tortueuses. Les maisons, pour la plupart, ont deux étages au-dessus du rez-de-chaussée. Il existe dans la ville plusieurs promenades et édifices remarquables, et plus particulièrement parmi ceux-ci, quelques mosquées et le palais du bey.

Du temps des Romains, Constantine était la ville la plus riche et la plus forte de toute la Numidie. La plupart des routes de la province y aboutissaient. Elle avait été la résidence royale de Massinissa et de ses successeurs. Strabon nous apprend qu'elle renfermait alors des palais magnifiques. Jugurtha employa tous les moyens possibles pour s'en rendre maître, et c'est de cette position centrale que Métellus et Marius dirigèrent avec tant de succès contre lui tous leurs mouvements militaires. Ruinée en 311, dans la guerre de Maxence contre Alexandre, paysan pannonnien, qui s'était fait proclamer empereur en Afrique, rétablie et embellie sous Constantin, cette ville quitta alors son ancien nom de *Cirta* pour prendre celui de son restaurateur, qu'elle porte encore aujourd'hui. Lorsque les Vandales, dans le cinquième siècle, envahirent la Numidie et les Mauritanies, et détruisirent toutes leurs villes, Constantine échappa à cette dévastation. Les victoires de Bélisaire la retrouvèrent debout, et la conquête musulmane semble l'avoir respectée. Les traces de constructions romaines, éparses sur le sol, attestent qu'il y en avait de colossales. — Après une première expédition, restée sans succès (novembre 1836), Constantine a été prise de vive force par l'armée française, le 13 octobre 1837.

MASCARA.

On n'a que des données fort incertaines sur l'origine de Mascara. Selon les traditions locales, recueillies par les Thalebs (savants), elle aurait été construite par les Berbers, sur les ruines d'une cité romaine. L'étymologie du mot *Mascara*, soit qu'elle vienne de *Omm'Asker* (la mère des soldats), ou, plus simplement, *M'asker* (lieu où se rassemblent les soldats), rappelle une réputation guerrière, qui semble justifiée par tout ce que nous savons de son histoire.

Mascara se divise en quatre parties bien distinctes : Mascara proprement dit, Recoub-Ismaïl, Baba-Ali (le père Ali) et Aïn-Beïdha (la source blanche). Ces trois dernières parties peuvent être regardées comme des faubourgs de la ville, qui se trouve à leur centre. La ville est percée de trois rues principales : elle a deux places publiques, une mosquée et deux fondouks (marchés). Les maisons bâties comme celles des autres villes de l'Algérie, s'élèvent rarement au-dessus du rez-de-chaussée. Mascara, du temps des Turcs, était la résidence des beys de la province, jusqu'au moment où les Espagnols évacuèrent Oran.

L'armée française s'empara de Mascara le 5 décembre 1835, et s'en éloigna le 8, après avoir détruit l'artillerie et le matériel de guerre qu'Abd-el-Kader y avait déposés. Elle en a pris de nouveau possession le 30 mai 1841, et, depuis, une forte garnison y a été installée.

Mo taganem, p. 139.

Mascara, p. 138.

MOSTAGANEM.

Cette ville, qui a pour citadelle *Matamoura*, est assise à un kilomètre de la mer ; son territoire, arrosé par différents cours d'eau, est un des plus fertiles de la province.

Les chroniques musulmanes font remonter au douzième siècle la fondation de la ville arabe de Mostaganem. Gouvernée d'abord par le chef sarrasin Yousouf, elle serait ensuite tombée aux mains d'un autre chef, Ahemd el-Abd, dont les descendants auraient conservé cette place jusqu'au seizième siècle, où les Turcs s'en emparèrent, sous le commandement de Kaïr-Eldin, surnommé Barberousse. Un corps français a pris possession de Mostaganem, le 29 juillet 1833.

AMÉRIQUE.

WASHINGTON.

Entre le Maryland et la Virginie se trouve un territoire appartenant à toute l'Union, et connu sous le nom de *District fédéral* ou de *Columbia*; c'est la plus petite des divisions politiques et administratives de la confédération américaine. Au centre, s'élève la cité qui porte le grand nom de Washington.

Depuis 1801, siége du gouvernement central, cette capitale est située au bord du Potomac : sa vaste enceinte, tracée pour une ville dix fois plus peuplée; ses rues tirées au cordeau et larges de 80 à 100 pieds; ses habitations, séparées dans quelques quartiers par de grands espaces vides ou par des champs que sillonne la charrue; enfin, ses monuments somptueux, la feraient prendre plutôt pour une colonie naissante que pour la capitale d'un Etat populeux et florissant. Sa population n'atteint pas 24,000 habitants. Le plus beau de ses édifices est le Capitole : il renferme deux salles spacieuses destinées pour les séances de la chambre des représentants et du sénat, une autre pour les assemblées de la cour suprême des Etat-Unis, et une bibliothèque nationale. Il fut incendié en 1814 par les Anglais, qui se conduisirent comme des Vandales lorsqu'ils prirent Washington; mais aujourd'hui il est sorti de ses cendres plus vaste et plus riche qu'à cette époque. L'arsenal de la marine est un des plus beaux établissements de ce genre. Au milieu de sa cour principale, une co-

Washington, p. 1.6.

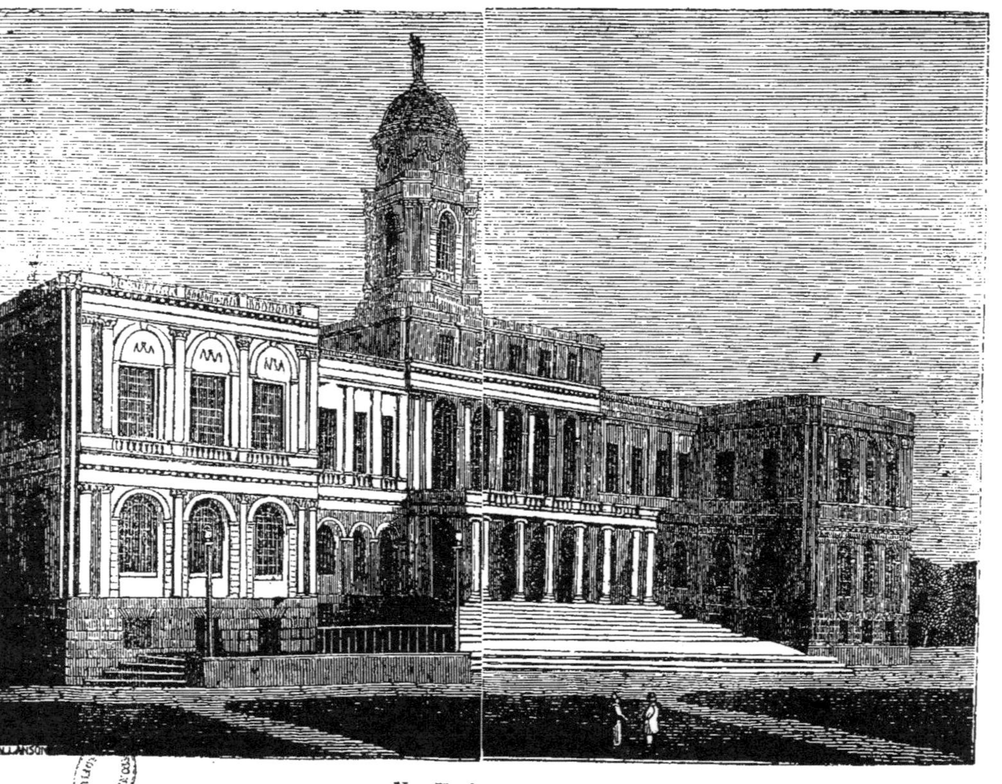

New-Yorck, p. 141.

lonne rostrale a été érigée en l'honneur des marins américains
morts dans un combat glorieux devant Alger ; les Anglais,
jaloux de toute gloire étrangère, cherchèrent à la détruire :
elle porte encore les traces des coups de sabre dont ils l'ont
frappée ; les Américains n'en ont effacé aucune, mais ils ont
gravé sur la base du monument cette phrase sévère : *Mutilé
par les Anglais en 1814.* Après le Capitole, l'édifice le plus
important est l'hôtel du président ; les quatre grands corps de
bâtiments qui l'entourent, et qui servent à l'administration
des quatre ministères, sont commodes, vastes et solidement
bâtis, mais n'ont rien de remarquable dans leur architecture.
L'hôtel de la Poste, avec tout ce qu'il renfermait, ainsi que
l'hôtel des Brevets, avec ses modèles et ses documents précieux, présentant toutes les inventions dues depuis un siècle
au génie anglo-américain, enfin tous les bâtiments de la direction générale des postes ont été la proie des flammes vers
la fin de l'année 1836.

NEW-YORK.

Une colonie hollandaise, vers l'année 1613, jeta sur l'extrémité méridionale de l'île des Manhattans les fondements
d'une ville qu'elle appela la Nouvelle-Amsterdam. Un demi-
siècle après, les Anglais chassèrent les Hollandais, et Charles II,
remonté sur le trône d'Angleterre, donna la province en ap-
panage à son frère le duc d'York. La Nouvelle-Belgique et la
Nouvelle-Amsterdam changèrent alors leur nom contre celui
de Nouvelle-York. Enfin, en 1783, l'Angleterre ayant été for-
cée de reconnaître l'émancipation de l'Amérique septentrionale, la Nouvelle-York devint Etat indépendant de New-York
et membre de la fédération américaine. C'est surtout depuis
ce dernier changement que la ville de New-York, débarras-
sée des entraves que sa condition de colonie avait mises jusqu'alors à sa prospérité et à son développement, a pris un
essor extraordinaire.

En 1768, New-York ne comptait encore qu'environ 24,000
habitants ; en 1830, elle en renfermait plus de 200,000. Et il
est difficile de prévoir à quelles limites s'arrêtera cette pro-
gression.

Née comme Venise de la mer et environnée d'eau, New-
York a un port sans bornes, ouvert tout autour d'elle : mise
en communication avec tout l'univers par l'Océan, elle touche

à toutes les parties intérieures des Etats septentrionaux de l'Union par son fleuve l'Hudson qui descend des profondeurs du nord, de sorte qu'elle est le centre nécessaire d'un immense mouvement commercial et industriel, et le marché général où s'échangent les productions du sol contre les denrées étrangères.

Le haut rang de New-York se révèle dans son aspect. On comprend aussitôt toute sa puissance lorsqu'elle montre les immenses magasins de ses quais, ses hauts clochers et ses forêts de mâts au fond de son havre, qui a été comparé à la baie de Naples et à la rade de Constantinople. Plusieurs de ses rues, garnies de trottoirs et plantées d'arbres, sont d'une beauté remarquable, et le *Broadway*, la rue large, dont la longueur est d'environ une lieue et la largeur de 80 pieds, ferait l'ornement des plus orgueilleuses capitales de l'ancien monde. Les maisons, auxquelles on pourrait reprocher peut-être l'uniformité monotone de leur structure, sont construites en pierre rouge de Jersey, en granit que l'on extrait du sol même de New-York, et en briques. Dans quelques quartiers se retrouvent encore des maisons de bois, qui datent de l'occupation hollandaise, ainsi que le constate leurs formes massives, les lourdes sculptures dont elles sont chargées, et leurs millésimes écrits en pointes de fer sur leurs murailles; mais ces monuments du passé disparaissent tous les jours, abattus pour faire place à des bâtiments de pierre, ou consumés par les incendies qui semblent presque en permanence dans des parties basses de la ville, tellement que les habitants renferment leur linge et leurs menus objets de ménage dans des malles, pour pouvoir les transporter et les mettre plus promptement en sûreté. Les édifices publics, très nombreux de New-York, n'ont point pour la plupart un caractère monumental; les églises même, dont les clochers blancs élancés en minarets donnent à la ville, de la haute mer, une physionomie orientale, sont d'une grande simplicité. La Bourse, nouvellement construite, et l'hôtel-de-ville, que représente notre gravure, font seuls exception à cette règle générale.

L'hôtel-de-ville (*city-hall*), situé dans un quartier central et au milieu d'un parc, s'élève sur une plate-forme en marbre blanc, à laquelle mène un vaste perron. L'édifice est surmonté d'une coupole en bois qui sert de clocher au beffroi, et au dessus de laquelle est placée une statue de la Justice également en bois, ainsi que les ornements dont elle est accompagnée.

L'hôtel-de-ville, qui a coûté environ 2,500,000 fr., est consacré au logement de divers fonctionnaires publics, et renferme aussi plusieurs administrations. Les appartements pos-

sèdent des galeries de tableaux recommandables , non seulement parce qu'ils sont l'œuvre d'artistes nationaux, mais aussi
parce qu'ils représentent les principaux officiers de terre et
de mer qui ont illustré leur nom dans la guerre de l'indépendance. Dans la salle du conseil d'administration est , en outre,
exposé un ornement du plus grand prix : c'est le fauteuil même
du haut duquel présidait Washington.

LA POINTE-A-PITRE.

La Pointe-à-Pitre , dont la fondation ne remonte qu'à 1763 ,
s'élève dans l'île de la Guadeloupe, à l'ouest, dans la partie qu'on
appelle la Grande-Terre , près l'embouchure de la Rivière-Salée ;
sa position, l'excellence de son port et ses autres avantages
naturels en ont fait le centre des affaires de la colonie. La population de cette ville s'élevait à seize mille habitants, et elle était
remarquable par la régularité de ses constructions, lorsque le
tremblement de terre, qui, en 1843, a exercé des ravages partiels dans les Antilles françaises, a couvert de ruines la Guadeloupe, la reine de nos colonies, et, sur les neuf cents maisons de
la Pointe-à-Pitre, n'en a laissé que dix intactes. Ce qui a rendu
le sinistre plus terrible encore, c'est qu'un assez grand nombre
de maisons avaient deux ou même trois étages et étaient en
pierres.

Un autre fléau , l'incendie , a suivi cet épouvantable tremblement, et plusieurs milliers d'habitants ont péri dans les flammes
et sous les décombres.

Dans cette horrible situation, tout le monde a fait son devoir.
Le capitaine de vaisseau Gourbeyre , gouverneur de l'île, a déployé un ferme et honorable caractère. La garnison, qui, heureusement, n'était pas dans sa caserne au moment de la catastrophe, s'est conduite avec le plus louable dévouement. Les
autorités et les habitants de la Martinique qui, il y avait quatre
ans à peine, avaient éprouvé un désastre à peu près semblable,
ont porté des secours et des vivres à leurs frères malheureux.
En France, la nouvelle de cet épouvantable événement a causé
une consternation générale et les plus vives sympathies. Des
souscriptions ont été ouvertes et la charité des citoyens s'est
signalée dans tous les départements. Le gouvernement a prodi-
gué des secours de toute espèce pour le soulagement de cette
grande infortune nationale.

VALPARAISO·

Valparaiso est, après Santiago, la ville la plus importante du Chili. Son port est en quelque sorte celui de la capitale. Valparaiso (ou *vallée du Paradis*) est entouré au midi et à l'est de montagnes stériles et peu susceptibles de culture; à peine aperçoit-on, dans les ravins profonds et rocailleux creusés par les torrents, quelques rares aloès. Les collines s'élèvent si brusquement du rivage de la mer, qu'il n'y a de place que pour une rue qui conduit de la *Recova*, ou marché, à un espace découvert sur la grève, appelé la *Xarcia*, qui tire son nom d'une corderie établie dans ce lieu. On y trouve encore un marché destiné aux fruits et aux légumes. Près de là est le *bosquet des Amandiers*, ou *Almendral*, le plus considérable des faubourgs de Valparaiso. La ville proprement dite est désignée sous le nom de *Puerto* (le port). L'*Almendral* ne se compose que d'une rue très longue et très large, et de nombreuses maisons de campagne, avec de beaux jardins; c'est dans cette partie de la baie, que les pêcheurs construisent leurs cabanes, et viennent amarrer leurs canots. C'est aussi là que sont établies les *Matanzas* ou boucheries.

La principale rue du port, qui s'étend du *Resguardo* ou maison des douanes, à l'arsenal, est la *Planchada*, qui suit le rivage de la mer. Avant le tremblement de terre de 1822, il n'y avait qu'une seule maison de quelque importance de ce côté du port; aujourd'hui, on y trouve une très belle rangée de bâtiments, décorés de balcons, et ayant des boutiques au rez-de-chaussée.

Valparaiso est une des principales places marchandes de l'Amérique du sud. Quatre forts servent à contenir les ennemis au dedans et au dehors. Les principaux édifices sont : l'hôpital de Saint-Jean de Dieu, la cathédrale et les couvents de Saint-François, de Saint-Augustin, de la Merci et de Saint-Dominique. La population de cette ville est aujourd'hui de seize à dix-huit mille âmes.

Valparaiso offre un bon ancrage depuis septembre jusqu'en avril inclusivement, et il s'y trouve une grande quantité de provisions à bon marché. L'eau seule est loin d'y être bonne, et il est difficile de s'en procurer, toute celle qu'on emploie dans le port étant achetée aux *aguateros* ou porteurs d'eau qui l'apportent de l'intérieur des terres.

Le mont *Allègre*, qui domine la côte de Valparaiso, est couronné de maisons de campagne, d'où la vue peut planer sur l'immensité de l'Océan pacifique.

Beaucoup de *quebradas* ou ravins s'enfoncent très avant dans les montagnes. Au fond de ces ravins coulent de petits

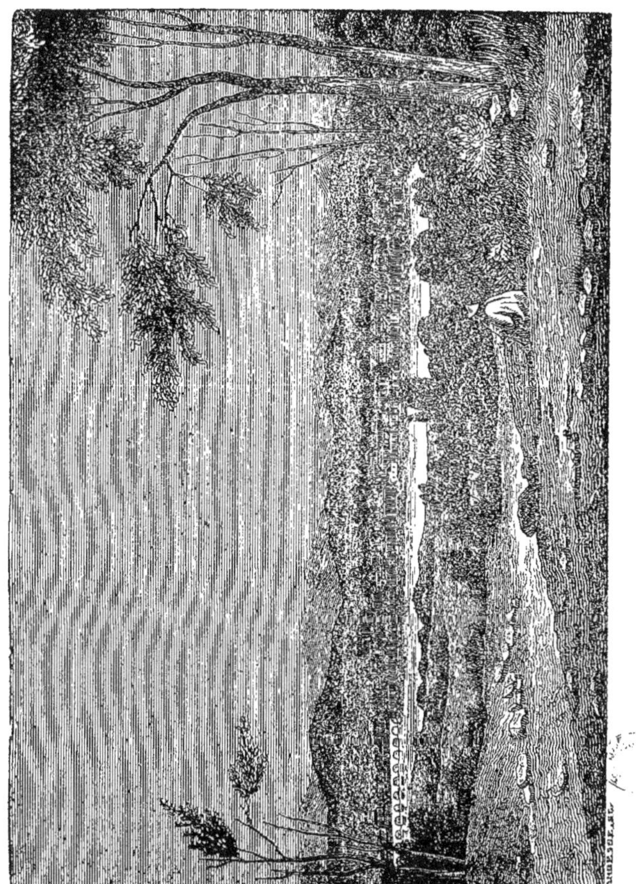

Vue de Valparaiso, p. 144.

ruisseaux inoffensifs pendant l'été, mais qui, rapidement
gonflés par les pluies d'hiver, deviennent de larges et impé-
tueux torrents. C'est ainsi que, tous les ans, beaucoup d'habitations sont détruites, et qu'un grand nombre de personnes
perdent la vie ; mais les indigènes rebâtiront, le printemps
suivant, sur le même terrain d'où leurs chaumières auront
été déracinées. Les principaux *quebradas* sont celui de Saint-
Augustin, situé en face du lieu de débarquement, où le théâtre
est bâti sur l'emplacement d'un couvent abandonné, et ceux
de *San-Francisco* et *Santo-Domingo*, dans l'un et l'autre desquels se trouvent des églises attachées à des monastères, et
quelques unes des principales maisons particulières. Dans les
montagnes situées entre ces *quebradas*, appelées par les indigènes *El Arayan*, et la *Cordillera*, se trouvent aussi de vastes
quartiers (*barrios*), qui contiennent une population très nombreuse, appartenant surtout à la classe inférieure. Les *ranchos*,
ou chaumières de la plus petite espèce, répandues sur les
sommets des différentes collines, sont innombrables.

En 1822 Valparaiso faillit être entièrement détruit par un
terrible événement. Le 19 novembre tout le pays fut ébranlé
par un tremblement de terre, qui se fit sentir au midi jusqu'à
l'archipel de *Chiloé*. Le jour avait été extrêmement calme, et
brûlant pour la saison, et la mer avait été houleuse, sans
aucune apparence de vent.

A dix heures et demie du soir, le premier choc se fit sentir.
Heureusement il ne fut pas très violent, de sorte que les habitants eurent le temps de quitter leurs maisons. Après un moment d'intervalle, une autre secousse fut si forte qu'au bout
de quelques secondes, toutes les églises de Valparaiso n'of-
frirent plus qu'un amas de ruines. Celle de la *Merced* fut plus
maltraitée que toutes les autres, bien qu'elle eût été bâtie si
solidement, que la tour de brique ne se rompit pas en tom-
bant. Un grand nombre d'habitants furent tués tout d'un coup
dans leurs lits ; d'autres, qui étaient sortis précipitamment de
leurs maisons, furent écrasés par des tuiles ou des pans de
muraille, en essayant de fuir par des rues étroites. La confusion était horrible. Enfin, des incendies éclatèrent dans plusieurs parties du port et de l'Almendral, parce que le chaume
desséché des *ranchos* vint tomber sur des âtres qui sont toujours au milieu des huttes.

Ce tremblement de terre étendit ses ravages sur toutes les
villes et villages environnants.

Au bout de quelques semaines, les habitants se mirent à
rebâtir leurs maisons sur le même emplacement qu'elles occupaient, et avec les mêmes matériaux, des briques cuites
au soleil.

SANTIAGO.

CHILI.

Santiago, capitale de la république du Chili, est situé au milieu d'une plaine cultivée, couverte de plantations, et arrosée par deux rivières et autres ruisseaux descendant des montagnes.

On aperçoit de plus de trente milles cette ville remarquable par le nombre de ses clochers et de ses toure blanches. Le fond de cet admirable tableau est formé par les Andes, qui s'élèvent majestueusement en immense amphithéâtre.

En entrant dans Santiago, on trouve les rues étroites et mal pavées; mais à mesure qu'on s'approche du centre de la ville, l'aspect change entièrement. On voit de larges rues, bordées, de belles maisons et de trottoirs de dalles de porphyre. La *Plaza Mayor* est spacieuse et bien entretenue. Au milieu s'élève une belle fontaine de bronze, entourée d'un bassin en pierres de taille. Autour se presse sans cesse la foule des *agualeros* qui remplissent d'eau des barils qu'ils promènent à travers les rues sur des mulets.

Les édifices publics de Santiago, la cathédrale exceptée, sont tous bâtis en briques, et dans un très beau style, surtout la *Casa de Moneda*. Cet hôtel isolé est situé sur une petite place, décorée d'une jolie fontaine. Il s'étend sur une superficie de deux cent cinquante pas environ, de chaque côté; il est haut ae deux étages, et contient trois cours et une chapelle, dans laquelle on célèbre journellement la messe.

Le palais du président, dans lequel se trouvent tous les bureaux publics et la trésorerie, est un beau bâtiment de brique, dont la façade est en porphyre rouge, ayant des pilastres du même marbre. Cet édifice, avec la prison, *Carcel*, qui est bâtie dans le même style, et dont il paraît faire partie, forme un côté de la *Plaza*. On remarque encore la cathédrale, bâtie de pierres de taille, et le palais de l'évêque, aujourd'hui converti en école pour les jeunes personnes.

Parmi les églises et les couvents de Santiago, on remarque *Santo-Domingo*, *San-Francisco* et *Santo-Agostino*. Dans la soirée du jeudi-saint les églises sont resplendissantes. Toutes rivalisent entre elles, exposant à la vue, dans cette soirée, tous leurs ornements d'or et d'argent, parmi lesquels les *custodias*, ou châsses qui renferment l'hostie consacrée, sont surtout d'une magnificence extraordinaire. Elles sont faites d'or massif et richement décorées de perles et de pierres précieuses.

Vue de Santiago, p. 146.

La Vera Cruz.

Pendant toute la semaine de la Passion, mais plus particulièrement dans la soirée du jeudi-saint, on voit se promener par les rues beaucoup de pénitentes, portant des voiles noirs, et se déchirant les épaules nues à grands coups de discipline. Une autre pénitence consiste à porter une lourde croix de bois sur les épaules, à quelques unes des principales églises, ayant les poignets attachés aux bras de la croix. Les dévots doivent être suivis par des amis qui se chargent du soin de les empêcher de tomber. On a vu beaucoup d'hommes robustes s'évanouir sous cette croix.

LA VERA-CRUZ

ET LE CHATEAU DE SAINT-JEAN-D'ULLOA.

La jolie ville de la *Vera-Cruz*, un des principaux ports du Mexique, ne doit rien aux faveurs de la nature. Les rochers de madrépores dont elle est construite, ont été tirés du fond de la mer; la seule eau potable est recueillie dans des citernes; le climat est chaud et malsain; des sables arides et brûlants entourent la ville au nord, tandis qu'on voit s'étendre au sud des marais désséchés. Le port, peu sûr et d'un accès difficile, est protégé par le fort de Saint-Jean d'Uloa ou d'Ulùa, élevé à grands frais sur un îlot rocailleux, et sur l'une des extrémités duquel se dresse un magnifique phare.

Les Espagnols restèrent maîtres du château d'Uloa plusieurs années après avoir évacué la terre ferme. Ce fort, que les Mexicains regardaient comme imprenable, parce qu'il était défendu par 185 pièces de canon, tomba au pouvoir des Français, le 27 novembre 1838, après un bombardement de quatre heures. Malgré les pertes causées par les troubles civils, la population de Saint-Jean d'Uloa est encore de 16,000 âmes. Les riches habitants vont fréquemment chercher la fraîcheur et tous les charmes de la belle nature à *Xalapa*, ville presque aussi considérable, située sur une des terrasses par lesquelles le plateau central s'abaisse sur le golfe mexicain; cette ville a donné son nom à la racine médicinale appelée *jalap*. *Perote*, dont les maisons sont presque sans fenêtres, est au milieu de plaines stériles couvertes de pierres ponces. Dans les forêts épaisses qui environnent le village de *Papantla*, à 45 lieues au nord-ouest de la Vera-Cruz, s'élève une pyramide érigée par les anciens Aztèques: elle n'a que 18 mètres de hauteur sur 25 à sa base; mais elle est remarquable par la grandeur et la régularité des blocs de porphyre dont elle est construite, ainsi que par les hiéroglyphes dont elle est ornée.

FIN.

TABLE DES MATIÈRES

CONTENUES

DANS CE VOLUME.

ITALIE.

Rome	1
Côme	6
Capoue	7
Florence	9
Messine	11
Padoue	13
Pompéia	14
Venise	19
Naples	22
Vérone	26
Ancône	26
Bologne	27
Cogoreto	29

SUISSE.

Genève	30
Bâle	32
Zurich	34
Lucerne	36
Fribourg	38

ALLEMAGNE.

Vienne	40
Prague	45
Karlsbad	48
Wiesbaden	48
Ulm	51
Inspruck	51
Munich	53
Wurtzbourg	54
Nuremberg	56
Francfort-sur-le-Mein	58
Hambourg	60
Bade	62
Coblentz	64
Cologne	66
Berlin	68
Dresde	70

RUSSIE.

Saint-Pétersbourg	71
Moscou	74
Odessa	78
Kazan	79
Smolensk	80

TURQUIE.

Constantinople	82

GRÈCE.

Athènes	86
Corinthe	88
Malte	91
Iles grecques	94
Corfou	95

ASIE.

Jérusalem	96
Babylone	101
Damas	104
Tyr	104
Bénarès	106
Antioche	108
Agra	110
Surate	111
Persépolis	112
Hurdwar	114
Bedjapour	116
Cawnpore	117
Patna	118
Bombay	119
Péking	122
Nankin	125

AFRIQUE.

Ruines de Carthage	126
Thèbes	128
Alexandrie	131
Zerbi	132
Boolibany	133
Alger	135
Constantine	137
Mascara	138
Mostaganem	139

AMÉRIQUE.

Washington	140
New-York	141
La Pointe-à-Pitre	143
Valparaiso	144
Santiago	146
La Vera-Cruz	147

FIN DE LA TABLE.

Paris. — Imprimerie de Pommeret et Moreau,
quai des Grands-Augustins, 17.